社会主义核心价值体系建设
"双百"出版工程

项 目

/ 100 位

新中国成立以来感动中国人物/

赵 梦 桃

于 元/编著

★

吉林出版集团 | 吉林文史出版社

前　言

每个人的心中都多少有一点英雄情结，都向往英雄、景仰英雄。也正因此，在中华人民共和国建国六十周年之际，由中央十一部委联合组织开展的"100位为新中国成立作出突出贡献的英雄模范人物和100位新中国成立以来感动中国人物"的评选活动中，群众参与投票总数近一亿。这其中的每一张选票，都表达了人们对英雄模范的崇敬之情，寄托着对伟大祖国的美好祝福。

一个民族不能没有英雄，否则这个民族就不会强大。当国家危难之时，懦弱者选择了逃避、妥协甚至投降，英雄们却挺身而出，用热血捍卫民族的尊严，人民的幸福。在创立和建设新中国的伟大历程中，涌现出无数可歌可泣的英雄模范人物。他们之中，有为了民族独立和人民解放而英勇牺牲的革命先烈，有为了党和人民的事业而不懈奋斗的优秀共产党员，有在全民族抗战中顽强奋战、为国捐躯的爱国将士，有英勇杀敌的战斗英雄和革命群众，有积极从事进步活动的著名民主爱国人士和国际友人……他们是民族的脊梁、祖国的骄傲，是激励全体人民团结奋斗的精神力量。

《100位新中国成立以来感动中国人物》丛书，就像一部星光璀璨的英雄谱，真实、完整地记录了英雄模范人物不平凡的一生，再现了他们非凡的人格魅力和精神世界。舍身堵枪眼的黄继光，拼命也要拿下大油田的王进喜，中国原子弹之父邓稼先，新时期领导干部的楷模孔繁森……一串串闪光的名字，一个个动人的故事，犹如群星闪烁，光耀中华。

当今中国正处于伟大变革的时代，迫切需要涌现出一大批勇于承担历史使命、为祖国和人民奉献一切的先进人物。在"双百"人物崇高精神的引领下，在建设社会主义现代化国家的征程中，必将英雄辈出。

生平简介

　　赵梦桃 (1935–1963)，女，汉族，河南省洛阳市人，中共党员。1951 年参加工作，生前系西北国棉一厂职工。

　　赵梦桃是我国纺织战线的一面旗帜。1951 年，16 岁的赵梦桃进入陕西西北国棉一厂。1952 年 5 月，在学习"郝建秀工作法"活动中，赵梦桃以最优异的成绩第一个戴上了"郝建秀红围腰"。在挡车时，别人巡回一次需要 3 到 5 分钟，可她只用 2 分 50 秒。她进厂不到两年，就创造了千锭小时断头只有 55 根、皮辊花率 1.89%的好成绩。她第一个响应厂党委"扩台扩锭"的号召，看车能力从 200 锭扩大到 600 锭，生产效率提高了 3 倍。1952 年至 1959 年的 7 年间，赵梦桃创造了月月完成生产计划，年年均衡生产的好成绩，仅节约棉花就达 1200 多公斤。在她的影响和带动下，"人人当先进，个个争劳模"蔚然成风。1956 年，赵梦桃在参加全国先进生产者代表大会期间，观摩了同行"双手咬皮辊花"的技术表演，当即用糖葫芦杆当咬花辊反复练习，回厂第二天就把这种操作技术传授给大家。1963 年，她又创造了一套先进的清洁检查操作法，并在陕西省全面推广，极大提高了工作效率。她是中共八大代表，两次被授予全国先进生产者荣誉称号。

1935-1963
[ZHAOMENGTAO]

◀ 赵梦桃

目 录 **MULU**

学习郝建秀 / 024
纺织女工郝建秀创造了全国闻名的工作法，跑在了别人前面足有好几年。一进车间，梦桃就把整个人交了出去，像上足了发条的钟表，按照郝建秀工作法争分夺秒，死命地练技术。

■光荣入党 / 035

一场考验 / 036
在党组织的关心下，赵梦桃经受住了考验。从此，梦桃更像开足了马力的机器，在车间大干起来。开车时，别人一个巡回要用3到5分钟，她只用2分50秒。这样，赵梦桃也像郝建秀一样，成了走在时间前面的人。

主人翁 / 044
梦桃在厂里，把厂当成了自己的家，拿出主人翁的态度来劳动。她说："姐妹们，我们在家里干活，既没人给奖金，也没人给报酬，心里也根本想不到这些东西，只是一股劲地想做得又多又快又好又省。做好了自己高兴，做坏了自己心疼。这是什么原因呢?这是因为自己不光是拿出了主人的身份，还有一种主人的感情。同样，在厂里，只要用主人的身份、主人的感情来对待一切劳动，肯定能把工作做好。"

工会组长 / 048
1952年深秋，梦桃担任了工会组长。作为优秀纺织女工，赵梦桃被派往青岛疗养。在青岛，她有幸见到了自己的好榜样——郝建秀。榜样的鼓舞力量总是无穷的，赵梦桃心里暗暗地想：原来英雄模范就是这样普通，我也要像她一样为国家做出巨大的贡献。回厂后，梦桃不但做好了工会组长的工作，而且还入了党。

真金子 / 056

1953年6月，厂里准备开三班，党委提出扩台扩锭的号召。赵梦桃第一个响应，要求看六百纱锭。第二天，梦桃早早地进车间做好准备工作。一开车，六百纱锭齐飞转。下了班，大家争着看赵梦桃扩锭捷报。有的姐妹激动地说："梦桃长两只手，咱也长两只手，人家两只手能为工人阶级争光，难道咱两只手就不能给工人阶级争光吗？明天咱也看六百锭。"

勤学苦练 / 061

赵梦桃说："学习是为了革命。没有文化技术，就不能建设社会主义，我们要一点一滴地学习别人的长处，把它变成集体的财富。"赵梦桃就是这样坚持不懈地勤学苦练，一点一滴地吸取别人的长处，向先进学，向一般同志学，也向后进学。她像蜜蜂酿蜜一样，为国家采粉酿蜜。她总是把自己学到的东西毫无保留地传授给大家，和姐妹们一道前进。

姐妹情 / 067

秋芬是童养媳出身，身心受过摧残，病得很重。下班后，梦桃总是陪着秋芬，关心她，用爱融化她心头的那块冰!这个见人从不搭腔的姑娘，感动得伏在梦桃的肩上哭了。小孟的车子太难照看，完不成生产计划。梦桃主动和她换车后，不久便驾驭了这辆人见人怕的车子，轻松地完成了生产计划。

八大代表 / 072

1956年8月，赵梦桃光荣地当选为中国共产党第八次全国代表大会代表，全厂职工敲锣打鼓欢送她。毛主席说："即使我们的工作得到极其伟大的成绩，也没有任何值得骄傲自满的理由。虚心使人进步，骄傲使人落后，我们应当永远记住这个真理。"梦桃把毛主席的这句话刻在心里，决心用它来指导自己的行动。她对自己说："我一定要谦虚谨慎，一切成绩归功于党，绝不以为自己做出一点成绩，受到表扬和奖励，就沾沾自喜，变得骄傲起来。"

党的指示 / 077

梦桃认为党的指示就是真理，谁要能够努力学习党的指示，努力掌握和运用党的指示，谁就能在工作中取得一个又一个的成就；谁要是离开党的指示，谁就一定会在工作中碰壁，把事情办坏。赵梦桃在政治理论学习中始终保持虚心、认真、好学不倦的精神。无论在生产繁忙的时候，在出外开会的时候，在医院治病的时候，她都坚持学习。她常说："一天不学习就睡不着觉。"赵梦桃以党的指示武装了自己的头脑，她的思想愈来愈红，风格越来越高。

不让一个伙伴掉队 / 085

赵梦桃常说："一人先进孤单单，众人先进推倒山。"赵梦桃总是以一颗同志间的诚心，无微不至地关心周围的同志。和她在一起的，不论是谁思想有了问题，她都能循循善诱，耐心开导，打开她心里的锁，拨亮她心里的灯，并用自己的模范行动，影响和带动她共同前进。她常说："一个共产党员，要做革命的鼓风机，把每个同志心里的火都扇旺，不让一个伙伴掉队。"

换车 / 096

赵梦桃先后曾11次把好车换给别人，把坏车留给自己，帮助本组17个姐妹赶上先进。赵梦桃这种共产主义风格，在工厂里已经蔚然成风。赵梦桃说："一个共产党员要的不是个人名誉，而是党的事业，怎样对党有好处，对生产有好处，就应当怎样做。"

实事求是 / 101

梦桃说："真理一定要坚持，不能和稀泥！"厂党委表扬了赵梦桃；《陕西日报》也发了消息和社论，表扬梦桃敢于说老实话，勇于坚持真理，是一个对党、对人民、对社会主义事业高度负责的好党员。绝不为了个人得失损害国家事业，这就是赵梦桃的风格！

■薪火相传 / 107

在医院 / 108

在医院里，梦桃真想插翅飞到车间，和姐妹们一起生产。于是，她拿起了纱管，一声不响地练着掐头动作！一分钟六十二个？不行啊，最高纪录是九十个呢！这时，她忘记自己正在发烧！

赵梦桃精神过时了吗（代序）

　　我们现在正在进行伟大的社会主义建设，社会主义建设需要主人翁的责任意识，忘我的工作热情，真诚的团队意识。

　　这些，在赵梦桃身上都具备了。

　　赵梦桃是我国上个世纪五六十年代百废待兴、艰苦奋斗时期的杰出代表，她那主人翁的责任意识，忘我的工作热情，真诚的团队意识永远值得我们学习。

　　首先，赵梦桃是主人翁的责任意识的化身，是人们行动的楷模。

　　企业的主人是员工，员工的责任心就是企业的竞争力。员工主人翁责任意识的具体体现就是员工所从事岗位的岗位责任。人们在为企业工作时，无论在哪个职位，都不应该轻视自己的工作，要担负起工作的责任来，把单位当成自己的家。因为对工作负责就是对自己负责，对国家负责，对自己的家负责。

　　赵梦桃在这方面做得极为突出，共产党给了她新生，她感激涕零，不但以国为家，而且爱厂如家。她热爱细纱行业，组织提拔她当脱产书记她都不去，而是留在生产第一线，尽职尽责，为建设新中国而忘我地劳动着。

　　忘我的工作热情是自己对企业责任的一种升华。忘我的工作热情，最能激发人自身的潜能，克服困难的能力和创造才能。这就是责任感的激励作用。赵梦桃热爱自己的企业，热爱自己所从事的岗位，最大限度地发挥了自己的才能。她在工作中精益求精，让自身价值有了最大的体现。

在学习"郝建秀工作法"活动中，赵梦桃以最优异的成绩第一个戴上了"郝建秀红围腰"。在挡车时，别人巡回一次需要3到5分钟，她只用2分50秒，真是身如燕，快如风。

赵梦桃创造了千锭小时断头只有55根、皮辊花率1.89%的好成绩，看车能力从200锭扩大到600锭，生产效率提高了3倍，月月完成生产计划，年年做到均衡生产。

真诚的团队意识是赵梦桃精神的核心。一个人进步不能算进步，一个团队的进步才是真正意义上的进步。在企业中，一个人工作优秀，事业成功，是离不开其他员工的协作或帮助的。"梦桃精神"就是团队精神，她的精神永远没有过时，反而，更能激励大家，树立积极向上的主人翁意识，让企业更好地服务于社会。

赵梦桃常说："能帮助别人前进，是人生的最大幸福！我们要把每一个同志心里的火都扇旺！不让一个伙伴掉队，不让周围有一个小组掉队！"

赵梦桃不但这样说，而且这样做了。闻名全国的"赵梦桃小组"，就是以她的名字命名的。

在上世纪五六十年代，赵梦桃可谓是无人不知，无人不晓。咸阳是座纺织城，当时有数万名纺织工人，西北国棉一厂的赵梦桃不仅是咸阳市纺织女工的骄傲，也是全国和全省的模范。半个世纪过去了，如今赵梦桃所工作过的西北国棉一厂也已经更名为陕西风轮纺织股份有限公司，但"赵梦桃小组"还在，目前在已是第11届"赵梦桃小组"的成员中，"80后"和"90后"占绝大多数，但"梦桃精神"是她们不变的信仰。

赵梦桃在出席党的"八大"后讲过："现在，我才体会到'要做人民勤务员'这句话的意思，这话深得很！谁要能真懂了这句话，就懂得了什么是共产党员了。"

赵梦桃离开了，但她的精神没有离开；赵梦桃离开了，而她仍然影响着一代又一代的工人。2009年9月，赵梦桃被评为100位新中国成立以来感动中国人物之一。

赵梦桃虽然去世近半个世纪了，但她的精神并未过时。她所在的西北国棉一厂细纱车间乙班四组，被陕西省命名为"赵梦桃小组"。这个小组在建设有中国特色社会主义的伟大实践中，继续发扬赵梦桃的主人翁精神和高尚风格，成为了陕西省和全国纺织行业的一面旗帜。

在党中央的提倡下，"梦桃精神"越来越深入人心，并日益转化为无穷无尽的物质力量。

苦难的深渊

→ 笸箩里的幼年

★★★★★

赵梦桃，祖籍安徽省宿州市。早年，父母从宿州逃荒到洛阳市。

1935 年，在一个严寒的冬夜里，赵梦桃出生在洛阳市贴廓巷的一间破房里。

父亲赵书林抱起刚出生的女儿，悲喜交集地说："孩儿呀，长得像朵花似的，爹给你起个甜名字，叫'梦桃'吧。"

原来，在她出生的早晨，父亲梦见桃花盛开，于是刚出生的女儿就有了"梦桃"这个名字。可童年的梦桃并没有过上如名字般美好的日子，而是一出生就陷入了苦难的深渊。

赵书林揽过零活，卖过菜，收过破烂，

苦了半辈子，到头来还是瓦无一片，粮无隔宿，终年吃不饱，穿不暖。一家四口人的生活越过越苦，如今又添了一个苦孩子。梦桃上有两个哥哥，不久又添了一个妹妹。

赵梦桃的幼年是在一个笸箩里度过的，年幼的梦桃还以为笸箩是她的小天地呢。

母亲要操持家务，看到丈夫整天早起晚归也拿不回来多少钱，家里孩子们吃了上顿没有下顿，真是身无御寒衣，家无隔夜粮。在这种情况下，她只好织些毛线活贴补家用。

母亲从早忙到晚，没有时间照看梦桃。望着骨瘦如柴的梦桃，万般无奈，就把她放在笸箩里，给她几根竹针，一小团毛线，苦笑着说："闺女，自己玩吧。这两样玩意儿可是女儿家的看家本事，以后长大了都用得着。出阁的女孩都要给男人织礼物，如果家境不好，还可以像妈妈一样，赚一点小钱贴补家用的。"

母亲的这些话，小梦桃听了似懂非懂，或者说根本不懂。不料，梦桃玩着玩着，竟也能像母亲一样织毛线活了。真是自学成才呀！

梦桃在笸箩里一天天长大，由于她悟性高，慢慢地，竟能帮助母亲挣钱了。

这真是穷人的孩子早当家。

天刚麻麻亮，小梦桃翻身起来，扯过被子往圆笸箩里一放，就抱着一大团毛线，拿上竹针坐了进去，开始了一天的工作。

小梦桃坐在筐箩里，织啊织啊，不停地织！她越织越快，之所以后来长大后成为全国第一纺织神手，就是在这时打下的基础。

小梦桃坐在筐箩里不停地织，母亲送饭来，说："桃，吃饭了。"

小梦桃就像没听见似的，照旧不停地织。

一会儿，母亲过来看她，见饭没有动，急着喊道："孩子呀，吃饭了。吃完再织吧，不急的。"

小梦桃头不抬、眼不看地答应道："娘，知道了。"

母亲一听，放心地去了。

不知道过了多久，母亲过来，发现饭没吃，都凉了，而女儿在头不抬地织着。

每天都是如此，饭热的端来，凉的端走，哪一顿饭不催上几回，不热上几回，小梦桃是不会吃的。

母亲怕小梦桃累坏了，便藏起了竹针。

小梦桃找不到针，就像丢了魂似的，眼睛一

红落下泪来。

母亲见她哭了，只得又把竹针递到她手上。母亲望着女儿，摇着头，叹着气自言自语道："这妮子太犟了！简直着了魔了。"

小梦桃织啊织啊！直到上灯了，小梦桃还在入魔似的织着。只见她蜷着身子，两只小手不停地舞动着，动作非常娴熟。

小梦桃聚精会神地织，每天可以织几大团子线。渐渐地，比母亲干得都快了。

渐渐地，小梦桃脸色苍白了，身体消瘦了。

母亲这回真的急了，拼命地把小梦桃从笸箩里拖了出来。

简陋的房子里，连个席子都没有的炕上躺着骨瘦如柴的父亲，被子下面好像没有人似的，只是时常发出呻吟声。

父亲脸色苍白，没有血色，满脸的皱纹像刀刻的一样，两个颧骨上微微泛着红紫色，愁容满面，痛苦地喘着每一口气。

父亲劳碌半生，积劳成疾，患了肺病，当时叫痨病，是不治之症。

父亲躺在炕上，眼看着女儿脸上没了血色，瘦得皮包骨，心里又急又恨。急的是自己一个大男人，身为一家之主，却不能承担起一家人的生活重担，还要拖累老婆孩子们。恨的是这不平的世道、这害民的官府和穷凶极恶的外国侵略者。

清朝灭亡后，是没完没了的军阀混战。军阀们只顾争地盘，抓壮丁，横征暴敛，鱼肉百姓。小梦桃 2 岁时，日本人又打进了中国。

父亲今天的病弱身体都是累的，他整日里操劳，挣不了多少钱，只得拼命地干。

眼前，梦桃这么小，也帮着挑起家庭重担，脸色累得与自己差不多了。她还是个孩子，以后的路长着呢，可不能让她也累坏了。

父亲望着才几岁的女儿，悲痛万分。他眼含热泪，嘴唇哆嗦着劝女儿说："歇歇吧，你太瘦了，别累坏了。"

小梦桃不听劝，还要接着织，她坚毅地说："爹，没事，我壮着呢。"说完，她又爬进笸箩里去，低头织毛线活去了。

小梦桃虽然年纪小，但她心里什么都明白。爹爹的病使她心急如焚，她一心想赚许多钱把爹爹的病治好。她不敢看爹爹重病缠身的样子，一想到爹爹四处奔波，没日没夜地干活，还要受别人的气，她恨不得快快长大，赚许多钱，让爹爹和娘都穿得暖，吃得饱，自己也可以穿上新衣服，在宽敞的房间里织毛线活，不用像现在这样辛苦，累了可以休息一会儿。想着想着，她笑起来了。于是，她干得更起劲了。

一天，小梦桃感觉浑身像散了架子似的，脸滚烫的，身子却冷得上牙和下牙直打颤，接着就颤抖起来了。这时，上眼皮和下眼皮也打起架来，她拼命地坚持着，想找个火柴棍把眼皮支起来。还是爹爹眼睛灵，用尽全身力气喊："妮子，你怎么了？脸像红布似的。"

母亲听见了，撂下手中的活儿忙奔过来，伸手摸摸小梦桃的额头，吃了一惊，喊道："不好，妮子的头怎么热得像火锅底似的？"

爹爹急得说不出话来，断断续续地说："发这样的高烧！还硬挺着干！不要命了？"

说着，爹爹眼里迸出了泪水，大声劝道："出来吧！不要干了，不能死在那筐箩里。"

小梦桃的双手停不下来，喘了口气。

休息一会儿，梦桃竟奇迹般地好了。

梦桃不能眼睁睁看着身患肺病的父亲咯血而

死，她要挣钱，给父亲治病。她想起前不久，亲眼看见母亲手里拿条绳子仰望着房梁，她吓得浑身直冒冷汗，腿都软了，拼命地从筐箩里钻出来，扑到妈妈的身上失声地叫喊着。妈妈好像猛然醒悟过来，娘俩抱头痛哭。虽然母亲没有吊到房梁上，深夜里却能听到母亲的呜咽声。梦桃怎能不豁出命来干活呢？

织啊织啊，小小的竹针，既补不上这个千疮百孔的家，也赶不走缠着父亲的病魔，老人的病日益加重！

四个孩子和母亲围在赵书林旁边，眼泪像断线的珠子似的。

一天，母亲强装出笑脸，劝道："他爹，吃点饭吧。这是用你大女儿织毛线活挣的钱买的一碗面条，我放在炉上热过了，很香的。"

爹爹望着两对儿女，叹了口气说："爹爹没用，让娃们受苦了！等爹病好，赚钱来给你们买面，上面一定要撒上一些肉末，会比这香的。"

二哥一听，抢着说："我一定吃上三大碗。"

大哥也不相让，忙说："谢谢爹，我能吃四大碗，外加二碗面条汤。"

小妹妹嚷着说："面条你们吃，我愿意喝汤！"

大家一听，都笑了。

赵书林看着孩子们，心里酸酸的。他哪里舍得把这碗面条吃光，只是做样子吃了一点，然后佯装说："吃饱了！剩下的你们几个打扫吧。"

母亲接过碗来，先给小妹吃两口，其他人也都吃两口。最后，二哥把碗里碗外舔得干干净净，不用洗碗了。一家人就是这样相濡以沫，在国统区半饥半饱地活着。

➔ 穷人的孩子早当家

★★★★★

不久，日本鬼子打进了洛阳。穷凶极恶的日本鬼子在洛阳烧杀淫掠，无恶不作。梦桃的父亲只得挣扎着从床上爬起来，带着全家逃难。

一路上，车轮似乎也在痛苦地呻吟。赵梦桃全身冻得缩成一团，母亲问她："冷吗，桃？"

懂事的小梦桃怕母亲担心，便回答说："不冷，娘！"

母亲心疼地说："怎能不冷呢？要挺住。"

小梦桃用力地点点头。

中华民族多灾多难，小梦桃真是血泪里生，冰雪中长啊。

梦桃伏在父亲的肩上，看到了洛阳的大火，惊跑的人群，南山的日本骑兵！

逃难途中，梦桃的大哥被日本鬼子抓去做苦工，活活给折磨死了；不久，妹妹也在饥寒交迫中夭折了。

父亲的病越来越重，一家人生活实在熬不下去了。万般无奈，一家人只得又辗转回到洛阳。

从此，父亲带病在家门口摆摊，二哥起早贪黑揽活干。父子辛苦一天，换不来两斤包谷面，一家人只好吃菜团、喝菜汤度日。

后来，实在没法子活下去了，二哥只好到陕西蔡家坡，在资本家的工厂里当了一名学徒。

抗日战争胜利后，蒋介石为了抢夺人民的胜利果实，在美帝国主义的支持下发动了反革命内战，梦桃一家的日子更难了。

偏偏在这个时候，房东耿老虎要涨房租了。

这一天，耿老虎闯进门来，大呼小叫地说："赵书林，房子

△ 日军进入洛阳

是我姓耿的，你不能白住。今天若再不交房租，马上给我搬走！"

　　梦桃的父亲一听这话，气得连一句话也说不出来。

　　梦桃的母亲说："耿东家，等她爹病好一点，出去多挣些钱，我们不吃不喝也要把房租先交上。"

　　好话说了几箩筐，耿老虎还是坚持非要当天

交齐房租不可。

被逼无奈，一家人咬着牙，当天变卖家具交清了房租。

不能再在耿老虎这儿住下去了，第二天，全家搬到吕家祠堂去。

不料，离开了虎穴，又掉进了狼窝。

吕家祠堂有个恶霸吕根兴，比耿老虎还要恶。他霸占着祠堂的大房不让住，叫梦桃一家住在一张席大的又破又烂的偏房里，还要按好房子收房租。

吕根兴为了摆赌，把大门堵上，梦桃家三口人只能在后门的一个小洞口爬进爬出，这叫人怎么活呢？

梦桃的父亲又卧床不起，奄奄一息，家里已经几天没米下锅，全靠梦桃拾些烂菜叶子过活。

梦桃母亲难过地说："桃她爹，这日子没法过了，我看还是上蔡家坡找老二去吧。"

梦桃的父亲摇头说："到处都一样，就是走到天尽头，也没有咱们穷人的活路。"

见梦桃的父亲病得越来越重，梦桃的母亲急

得坐立不安。可连吃饭的钱都没有，哪有钱给她爹治病啊。母亲想：拼了这条命也得给她爹治病。她出去跑了一天，一点活儿也没揽着，只得空着两手回家。

赵梦桃有个二姑，嫁给一个恶霸地主。梦桃母亲突然想起了这个二姑姐，像看到了救星似的，急忙把梦桃叫到面前说："桃，快去你二姑家借点钱，好给你爹看病。"

梦桃的父亲听到了，忙摆手说："算了，这门亲戚为富不仁，还是别去的好。"

梦桃的母亲想：这亲戚家是个财东，而且不是一般的亲戚，桃她二姑是丈夫的亲妹子，总会借给一服药钱吧。还是叫梦桃去一趟吧。

梦桃是个听话的孩子，让去就去。一路上，她想爹爹这次肯定会有救了。二姑父是个财主，非常有钱，二姑又是爹爹的亲妹子，一定不会见死不救的。也许我还能意外地吃上一顿饱饭，把已经饿了几个月的肚子填满呢。这样一想，梦桃走起路来越走越有劲。

不一会儿，梦桃进了二姑家的大院，只见门

上是金字牌匾，地上是方砖铺地，屋里是檀木桌椅，墙上挂着中堂，显得十分阔气。二姑从深堂大院一扭一扭地走了出来，两只手扎煞着，金戒指、金手镯戴了一手。

梦桃见了二姑，忙叫声："二姑，您好。"

说完，梦桃怯生生地站在院里，心想这下爹的药钱该有着落了。

二姑见了梦桃，问道："小妮子，你来做什么？"

梦桃回答说："俺爹病了，都不能下炕了，想求二姑借服药钱。"

没想到二姑哼了一声："要借钱吗？行啊，啥时候还呢？"

梦桃忙说："俺哥在蔡家坡学手艺了，等赚了钱，捎回来就还！"

这时，二姑父走了出来，假惺惺地说："要借钱啊？你爹有病，我们不能眼看着不管。不过，我们眼下也紧。这里有个一钱重的金耳环，你拿去变卖了，给你爹看病去吧。记住，这耳环是一钱重，别弄错了。"

梦桃一路小跑回到家，梦桃母亲急忙上金店去变卖金耳环，没想到上戥子一称，只有七分重，还差三分不到一钱。

母亲立即拿起金耳环，气得浑身发抖，直奔亲戚家,质问道：

"明明七分重的金耳环，为什么说是一钱？你们的心好狠

△ 赵梦桃去向富有的姑夫借钱为父买药

啊！"

　　说完，母亲把金耳环掷在地上，扭头就走。

　　夜深了，三口人守在没灯的黑屋子里，才 10 岁的小梦桃捏住父亲的手说："爹，咱不怕，桃挣钱给你治病。"

　　从此，梦桃开始给老板捯线，织毛衣，织毛袜子，和母亲分担生活的重担。

　　梦桃从白天织到黑夜，又从黑夜织到白天，一心想多挣点钱为父亲治病。可是，工钱微薄，连糊口都不够，哪还有闲钱给父亲治病？父亲再也未能坐起来，终于含泪离开了苦难深重的人间。

　　不久，二哥从蔡家坡托人捎来封信，叫她们母女二人到陕西去。于是，母女搭了辆拉货的铁轮车，到了蔡家坡。

感恩的心

→ 组　长

★★★★★

解放前夕，梦桃刚好 14 岁。

那年，苦命的父亲终于被贫困、疾病折磨死了。

从此，母女二人无依无靠，只得背井离乡，去陕西蔡家坡投奔梦桃二哥。

蒋家王朝兵败如山倒。1949 年 7 月，蔡家坡解放了。

不久，中华人民共和国成立，受尽了苦难的赵梦桃一家和全国劳苦大众一样，见到了青天，盼到了太阳，做了国家主人。

穷人翻了身，苦日子熬到了头。从此，赵梦桃一家再也不愁吃不愁穿了。

二哥在工厂里做工，月月发工资；赵梦桃背上了书包，到工厂职工子弟学校去上学了。

饱受苦难煎熬的母亲，望着自己的孩子欢欢乐乐地走进工厂，高高兴兴地走进学校。这时，她心里总是甜滋滋的，嘴里不停地念叨着共产党和毛主席的恩情。

孩子们下了工，放了学，回到家里时，母亲总是再三地叮咛道："千万好好工作，好好学习，一定要报答党，报答毛主席。"

梦桃上学了，她打心里感激党，感激毛主席。刚刚学会写字，她就把"中国共产党万岁"、"毛主席万岁"写了一遍又一遍，把这几个字深深地刻在了心里。

在旧社会，每当她提着拾菜叶子的篮子路过街头学校的门口时，一听到琅琅的读书声，她就徘徊着舍不得离开。有时，她偷偷地趴在学校教室窗台上朝里望，不由得心里想："我啥时候也能读书呢？"现在，她居然上学了，怎能叫她不激动，怎能叫她不感谢共产党和毛主席呢？

1951年11月26日，蔡家坡陕棉二厂为正在修建的国棉一厂招考培训工。

消息传出，二厂门前那条大路上拥满了半大女子，挤得水泄不通。

人流中，一个小姑娘特别显眼。她单眼皮，但双目炯炯有神；旧式中长头发，但又黑又亮。她就是赵梦桃，和她一起前来报考的还有同班同学小桂云。

小桂云凑到梦桃耳边说："你又瘦又小，怕不够分量吧！你看我……"

梦桃一看，只见小桂云衣襟下鼓鼓囊囊地装了一口袋碎石碎瓦，梦桃扑哧一声笑了："好，只要能进工厂，为党和毛主席生产，豁出去了。"

梦桃来到新的环境里，一切都感到新鲜。她身体瘦小，个子矮，怕工厂不录取她，便也学着

△ 赵梦桃与同事在纺纱机旁

小桂云，体重不够就在衣兜里装满了砖头瓦片；个子不够高，就垫上鞋垫微微跷着脚量身高。苍天不负苦心人，她终于被录取了。

赵梦桃考进了国营西北第一棉纺织厂，乐得一夜没有睡着。

梦桃的母亲也乐得喜泪盈眶，从箱子里拿出一件总也舍不得让女儿穿的蓝布衫，送给梦桃说："桃，穿上吧，妈总算盼到头啦，你和你哥一样，当工人啦！"

梦桃穿上新布衫，高兴得像小鸟似的又蹦又跳。

第二天，梦桃就到陕棉二厂参加培训。培训的头一课讲的是"工人阶级是国家的主人翁"。一个在旧社会受尽压迫的苦孩子，一个刚满16岁的姑娘，现在成了主人翁了，她感到惊喜和自豪，她知道这全是共产党和毛主席给带来的。

学员编组和分配床铺时，大家都抢着挑好的，只要有人要，梦桃都让给别人。她不多说话，只是抢着干别人不愿意干的事干。

多年来，家庭的贫困养成了她眼里有活，手里从来闲不住。

每当开饭时，饭堂里红火得像开了戏……等大家都盛好了，坐定了，才看见赵梦桃从墙角站起来，慢条斯理地去盛饭！

姐妹们都发现这个瘦女子与众不同，有人莫名其妙地说："编组时，好铺她让别人睡；干活时，苦活累活她抢着去干。

话不多说一句，手可是总不闲着。怪啊，她怎么那么老气，那么懂事？"

三天头上，新学员选组长时，姐妹们异口同声地指着赵梦桃喊："就选那个瘦娃了！"

老师傅共产党员老蔺向大家介绍说："她叫赵梦桃！"

赵梦桃说："这不行，我不会当组长。"

老蔺说："以前怎么干，以后还怎么干就行了。"

赵梦桃说："我没文化，只念过两年书。"

老蔺说："我一天书还没念呢，你能念两年书，在我面前算是大学士了。"

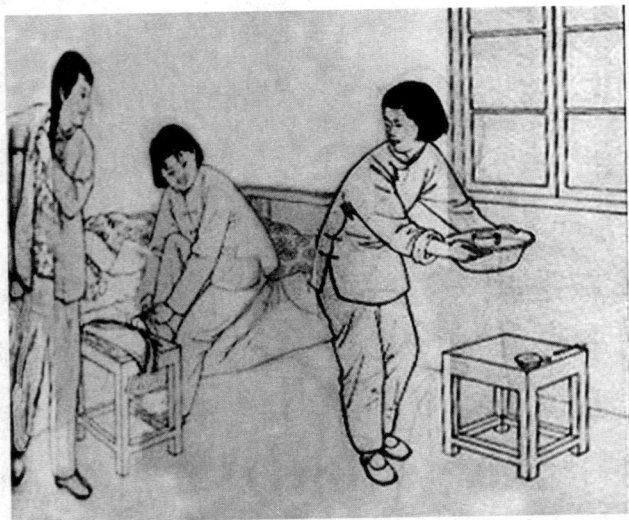

△ 赵梦桃新进工厂，与工友在宽敞的宿舍

姐妹们一听这话，哄堂大笑，赵梦桃也笑了。

老蔺说："好了，这事就这么定了，由赵梦桃担当组长。"

培训一结束，姐妹们又异口同声推选赵梦桃为学习模范。

从此，赵梦桃更加热爱新社会，热爱工人阶级兄弟姐妹了。她发奋学习，努力工作，关心和帮助同志。

天一亮，梦桃比谁都起得早，给姐妹们打好洗脸水。

开饭了，梦桃给姐妹们一碗一碗盛好摆在桌上。

进车间学技术，别人都想先学，但供培训学习的车子少，梦桃总是让别人先学。

开始看车，断头一大片，有的姐妹喊困难，梦桃却一声没吭。

一有时间，梦桃就钻到老工人的弄档里，帮老工人抹毛辊，问老工人怎样才能看好车。

老工人见这姑娘勤快，都喜欢她，就教她说："做好清洁工作，不要怕麻烦，头就断得少，车子就好看。"

梦桃看在眼里，记在心上，回头又教给姐妹们。这样，车子好看了，大家都很高兴，生产效率大大提高了。

→ 学习郝建秀

★★★★★

第一天上班实习，那情景真是令人难忘。

细纱车间里，从大玻璃窗投下温暖的阳光。在阳光下，万锭飞转，银线如流，梦桃看见女工们轻盈地飘移在弄堂里，巧手这么一拨，那么一捻，让人羡慕死啦！

最叫人眼热的还是老师傅身上带的那个红围腰，周边镶了一条鲜红的宽边，中间绣着"郝建秀工作者"几个字。

郝建秀创造了全国闻名的工作法，跑在了别人前面，足有好几年呢。啊，真神了，啥时候能和郝建秀一样呢？啥时能戴上红围腰呢？

凡是戴上红围腰的人，都是学习郝建秀的模

范。

万事起头难！教练工领着小姐妹们，一个个头发剪得像假小子，忍着笑，憋着气，像一排受检阅的新兵，一个挨一个站在机台前，每人先看八个锭子。不一会儿，姑娘们满头直冒气，紧张啊！毕竟是新手啊。

在车间，老师傅手把手地教技术；睡觉休息时，师傅要守到孩子们打起呼噜才离开。睡醒后，一会儿学歌，一会儿由老师傅领着玩猫捉老鼠，练习灵敏劲儿。

这天，有人喊："开支了！"

梦桃一听惊呆了：10 号进厂，今天才 15 号就开支了，每人两块钱。厂里还管吃管住，哪里有这种好事呀！真的翻身了！真的当上主人了！当学员还开支，真是谁也没想到的事。

每天在食堂吃饭，卤面、炒饭、炸酱面、包子，8 个人一桌，管饱，不限量。

梦桃拿着刚开的工资，心里由衷地感谢党，感谢毛主席！这是过去连做梦都想不到的呀。两元钱可不是个小数目，这是包吃包住之外还发的工资啊。

国家真大气呀！梦桃深深地感到翻身做主人的感觉了。

每当吃饭时，她总是想起当年爹爹病卧炕上，还把面条分给她们吃。即使每人分到两口，只是一点点，也总是觉得那种香甜至今都不能忘却。

如果当年有这一桌子饭，大哥也不会在兵荒马乱的年月被日本鬼子折磨死了；如果有这一桌子饭，父亲就不会病死了。当年，父亲没有钱看病，是躺在炕上活活地饿死的。有这一桌子饭，妹妹也不会夭折了。爹爹、大哥、妹妹，他们现在还活着该有多好，他们也可以每天吃饱饭了。

想到这里，赵梦桃的眼圈红了。

在笸箩里度过幼年的梦桃，今天像从冰雪下探出头来的桃枝，见到了新鲜的空气和灿烂的阳光。

一定要用实际行动报答党，报答毛主席。

天一亮，梦桃一翻身就坐了起来，一边揉着惺忪的睡眼，一边放开嗓子唱开《南泥湾》：

> 花篮的花儿香，
>
> 听我来唱一唱，唱一唱，
>
> 来到了南泥湾，
>
> 南泥湾好地方，好地呀方，
>
> 好地方来好风光，
>
> 好地方来好风光，
>
> 到处是庄稼，
>
> 遍地是牛羊，

往年的南泥湾，

到处是荒山，没呀人烟，

如今的南泥湾，

与往年不一般，不呀一般，

如呀今的南泥湾，

与呀往年不一般，

再不是旧模样，

是陕北的好江南，

……

人们总说娘亲爹亲，家好舍好，天下还有比这更好的家吗？梦桃觉得好像做梦一般，有时，她甚至怀疑这不是真的，竟狠狠地掐了自己一把，痛得自己揉半天，才证实了今天的生活是真的。这不是在做梦。

梦桃如今的心事只有一个，那就是带领全组的姐妹们学习郝建秀，让人人都戴上红围腰。那时，大家才配当真正的国家主人，才能报答党的恩情。

为此，天一亮她就用歌声唤醒姐妹们，起床

投入火热的大生产运动中。

星期日，梦桃回到家里，坐到炕上拉着母亲的胳膊，说个没完没了。老人听说女儿在工厂里如鱼得水，小姐妹们亲如一家，不禁喜泪直流。

老人看着女儿，也感到似乎在做梦一般。不久前，还是一个投奔哥哥的苦孩子，一下子竟成了工人阶级——领导阶级、先进阶级。这些新词，她还不大懂，只是听女儿说个没完，她也越听越爱听。

开始时，母亲还不敢相信这些都是事实。但是，她们母女毕竟是从火坑一下子进了蜜罐，不由她不信。

过了半晌，母亲问道："桃，我不明白，为啥你二姑，和你是至亲骨肉，却对咱那么狠？厂里的伙伴们，姓不是一个姓，又不是一个坟头的，可待咱咋那么好？"

梦桃瞪大眼，半晌没有回答上。她收敛了笑容，娘的问话在她的心中留下了一个大问号。

不久，厂里召开诉苦大会，愤怒的泪，控诉的话，让梦桃这才知道原来天下有这么多的苦姐妹啊！这些坐在筐子里挑来的，光着脚走来的，叫人家用二斗包谷换来的，才是自己的亲人啊！她懂得了，二姑和她不是一路人。蒋介石的国家代表二姑那些人，毛主席的国家代表受苦受难的人。如今，当初受苦受难的人当了国家主人，自己一定要向郝建秀学习，努力生产，让自己的国家富强起来，跻身于世界之林，站稳脚跟。

为了搞好生产，赵梦桃表示："一定要好好干！下苦干！老实干！"

这就是赵梦桃的口头禅。她一进车间，就像上足了发条的钟表，不管人前人后，活儿松紧，她只埋头苦干，拼了命似的。

当时，纺织界正在学习郝建秀，赵梦桃便以郝建秀为榜样，和姐妹们参加了郝建秀学习班，把郝建秀的光荣事迹背得滚瓜烂熟。

开始时，赵梦桃想：郝建秀是个什么样的人呀！那么厉害！人们都要学习她，她有三头六臂吗？

通过学习，赵梦桃才知道，原来和自己一样，郝建秀也是苦孩子出身，家住青岛沧口。全家八口人靠赶大车的父亲养活，只上到小学三年级的郝建秀靠捡煤渣、赶海捉鱼贴补家用。

1949 年 6 月青岛解放时，郝建秀 15 岁。当年 11 月，她考入青岛棉纺六厂，成为一名工人。

山东青岛历来是纺织厂集中的地方，建国后，国家又在那里办了许多纺织厂，招收女工。一些农村姑娘听爹妈讲起解放前纱厂女工的苦难生活，都不愿意报名。开始招工时，应招者寥寥无几。正当招工人员为难时，一个农村小姑娘跑来报名来了。只见她个头不高，眼睛却大而有神。招工人员问她："你叫什么名字？"小姑娘说："我叫郝建秀。"工作人员又问她："你来当工人，爹妈舍得吗？"郝建秀说："参加祖国建设，有什么舍不得的，我还是青年团员呢。"工作人员点点头说："你被录取了，明天就来厂报到吧！"第二天，郝建秀到纱厂报到，只见纱厂门口悬灯结彩在欢迎新工人。郝建秀刚走到门口，已有几个干部走上来，帮她提行李，送她到宿舍休息。宿舍是新建的五层大楼，窗明几净。郝建秀随着干部进了一个房间，只见房子里摆着几张新床。干部把她的行李放到一张床上，又带她看了洗手间。一切都是新的。郝建秀做梦也想不到自己住进了这么好的宿舍，真是新社会、新国家，劳动人民成了国家的主人。

　　郝建秀收拾好她自己的床铺以后，到洗手间拿起拖把擦走廊。其实走廊已擦得很干净了，但她劳动惯了，又想着自己已成了工厂的主人，不由得想把五层楼收拾得更干净，让新来的姐妹们一进厂就感受到新生活和新气象。她擦了走廊又擦玻璃，干得满头大汗，不觉已到中午。车间主任跑来招呼新工人去餐厅吃饭，见这个新来的小女工对公家事情这么热心，不由得点点头，心里暗想：真是个好苗子，以后要多加培养。

新的生活就这样开始了。郝建秀和女工们刚开始不熟悉纺纱工作，个个手忙脚乱。老师傅手把手教她们，她们很快就学会了。正式顶班后，郝建秀和女工们日日超额完成任务，经常受到表扬。每天下班后，厂里不是放映电影，就是组织

△ 郝建秀在工作

舞会，姑娘们玩得挺开心。只有郝建秀经常躲在宿舍里闷闷不乐地想心事。车间主任很快注意到了这一现象，感到很奇怪，可不能让这位刚从农村来的小姑娘受委屈，这可是事关工农联盟的大事啊。于是，他把郝建秀找来，关心地问道："建秀啊，你最近怎么老是闷闷不乐的，有什么心事吗？能不能给我这个老大哥讲讲？"郝建秀摇头说："没有。"车间主任问道："没有？那怎么大家都玩去了，你一个人躲在房子里？"郝建秀说："我没有钱嘛。"车间主任大吃一惊，这个小女工挺不错的嘛，怎么思想上有这么多的问题？转念一想，感到这句话里面可能还有话，便耐心开导道："建秀，现在咱们国家还有困难，工资是不高，咱们工人阶级是领导阶级，要主动为国家分忧啊！"郝建秀瞪了主任一眼说："你把我看扁了，我觉悟再低，还是青年团员哩。我是看到报上说豫剧演员常香玉一人就给志愿军捐了一架飞机，可我才捐了多少？我想多捐，又没有钱。我正在为此事发愁，主任你说我该咋办？"原来，当时正是抗美援朝时期，为了支援这场保家卫国的正义战争，全国人民正在捐钱捐物。车间主任这才明白郝建秀的心思，开导她说："我们是工人阶级，应该想办法多为国家创造财富。如果你在有限的时间里多纺一两纱，多织一尺布，如果全国的女工都能这样做，那对国家的贡献该有多大啊。"郝建秀说："可我是个工人，文化又不高，又不让加班，我怎么能想出什么好办法呢？"车间主任严肃地说："可以搞革新啊。不懂就学，不会就问。我是完全支持你搞革新的，你就放心地干吧。"郝建秀高兴地答应道："我一定按党的要求去做。"

车间主任和她谈话后，电影场里、舞会上更看不到郝建秀的影子了。车间主任见郝建秀完成的工作量越来越多，知道郝建秀的革新正在取得进展，便特意到机床前观察。只见郝建秀两手翻飞，忙个不停，而又从容不迫，井然有序。观察了几个班次以后，她帮助郝建秀总结了一下，指出几个要改善的环节，同组的姑娘们还提了许多改进意见，使郝建秀的工作方法更加完善。郝建秀班组的产量更高了，郝建秀高兴了，自己和姑娘们总算能为国家多做一些贡献了。

时光很快地流逝，郝建秀的新工作法渐渐地传扬开去，厂里的姑娘们下班时也都不去舞会跳舞了，一个个跑来找郝建秀要求教她们新工作法。郝建秀也不推辞，就在宿舍里给她们表演起来。这样教着教着，竟然传遍了全国。

人们常说，榜样的力量是无穷的，郝建秀的精神和工作法转换成无穷无尽的生产力，给国家生产了难以统计的财富，何止几百架飞机啊。

梦桃心想：天下的事很多都有相同之处呀，郝建秀与我的身世差不多，她能够做到的，我为什么做不到呢。我就向她学习吧。

从此，一进车间，梦桃就把整个人交了出去，像上足了发条的钟表，按照郝建秀工作法争分夺秒，死命地练技术。看见哪个姐妹有点长处，梦桃马上给人家递手巾，端水，拜师学艺，毫不嫉妒。不到半年，国棉一厂开工时，梦桃也从学习郝建秀工作法学习班毕业了。

1952年5月，国棉一厂开工了。不久，在学习郝建秀工作法的毕业典礼上，赵梦桃看到了桌上那一叠就要为优秀学生颁发的红围腰，不禁又爱又怕。这时，她想到的净是自己的缺点。没想到，第一名叫的就是她，梦桃还以为叫错了人呢。

系上了红围腰，小桂云说："好威武！好光荣！"

梦桃说："戴上郝建秀围腰，就要按郝建秀工作法办事！"

光荣入党

➡ 一场考验

★★★★★

当赵梦桃闷头苦干的时候，有几个人在嘀咕她：

"梦桃今天的白花又出得最少，别看她不吭不哈，还真行！"

"一定是人家有啥窍门呗！"

"什么窍门？能有什么窍门？"

"难道说，梦桃的白花让老鹰叼去了？"

"老鹰倒没见，可难保老鼠不偷着藏呀！"

这样，闲话就像地里的蝗虫，愈传愈多，竟说赵梦桃把白花藏起来扔到便所去了。

原来，看车女工断头越多，掉下来的白棉花就越多，质量就差，产量就低。因此，白花多少是女工生产成绩的一个指标。

生产组长听了底下的反映，心想："好哇！我叫你往大口袋里装纱管，增加重量，好多报点产量，也是为全组着想嘛！你总是说我不老实。现在，你却做出了这种事！"

生产组长去找轮班长老赵，老赵一听就急了，学习模范还干这种事？于是，他决定立即开会批评！

这天下班时，赵梦桃唱着《南泥湾》回到了宿舍。

一进门，赵梦桃就觉得气氛不对，床上床下坐满了人。不一会儿，老赵来了，把门一关，拿了个凳子背朝门坐下，脸色阴沉地说：

"今天开会不为别的，单为帮助赵梦桃同志……"

这时，赵梦桃才知道这会是为她开的。

会上，许多同志向梦桃投来同情的目光，都在想："像她这样的老实疙瘩，就是教她捣鬼，她也学不来！"

片刻，有人发言了，人数不多，可那些话就像冰雹打在梦桃的脸上和心上！

"凭你的技术，为啥白花出得少？"

"如果有鬼，就说出来，别隐瞒！"

"戴上红围腰，哪能做这种事！是不是把白花藏起来，扔到便所里了？"

梦桃坐在那里，开始是惊异不安，后来是委屈痛苦，最后，脸色大变，手脚冰凉。想想看，一个17岁的女孩儿，进厂才几个月的新工，从小就那么要强的倔性子，却遇到这么一场斗争！心情会是怎样啊！

最后，梦桃站起来，忍着眼泪说："我只是好好干，下苦干，报答党和毛主席，没料想……还说啥呢？我能哄一天，哄不了一年！往后看吧！"

会议不了了之，大伙吃晚饭去了。梦桃把门一关，这才放声哭了起来：我偷懒了吗？骄傲了吗？做鬼了吗？这是为什么？为什么啊？梦桃遇到生活道路上的岔路口了！

梦桃突然翻起身来，收拾着衣物："我要走！走！到哪儿不能为人民服务？"

可是，梦桃的手却不听使唤，发软打颤。突然，她的手碰到了红围腰，像被烫了一下，马上缩了回来，站在那里发怔。她把红围腰紧紧搂在胸前，念叨着："郝建秀！你说说，我该怎么办？"

手提着红围腰，梦桃昏昏沉沉地出了门，从小道走到厂区鱼池旁边坐了下来。望着那刚栽下的小树，才铺好的马路……

面前就是操场，红围腰就是在这里发的呀……

厂房里的机器声是那么匀称，那么吸引人……

她真想一下冲到车间去，和那些贴心挨肉的姐妹们，并肩站到机子前去！可是，怎么躲过那几双刺人的眼睛？怎么受得了这份委屈？

"赵梦桃不见了！"轮班长老赵闯到了老蔺面前，气喘吁吁地说。

"什么？"老蔺简直不相信自己的耳朵。

"开完批评会，有人见她收拾东西，一转眼，就……就不见人了。你快找去吧，有人说她许是……回家了！"

"不会的！我知道她！"老蔺斩钉截铁地说，他一把按住老赵的肩头，"坐下，慢慢说，到底是怎么回事？"

老赵拍着脑袋说："咳！都怨我！没调查研究，就开了这个倒霉的会！"

找了好半天，老蔺轻轻走了过来。梦桃想躲开，脚却抬不动；想叫他，又张不开嘴。只见嘴皮动了一下，泪花就在眼里转开了。

老蔺心里也有些发酸，这是他眼盯着成长的人，他知道这事的原委：赵梦桃干活时眼快手快，断头少，白花就少，根本没有藏白花的事。

老蔺先安慰一下这个孩子，他懂得她：她虽然倔，对自己却一向要求严格。

支部书记刚才叮嘱得好：要对梦桃进行严格诚恳的帮助，要开路劈山，让她跨前一步，迅速成长起来，成为车间的骨干。

老蔺手抱着膝盖，坐在旁边好半晌，才细声慢气地说："看，眼都哭肿了，哭肿了眼还能看清路？咱们工人阶级的泪可不能随便掉！"

这话生了效，梦桃用手背把泪一抹，梗直了脖子问："既然都是工人阶级，为啥要给往脸上抹黑？"

老蔺说："你以为工人阶级是从天上下来的吗？不经过千锤百炼和各种斗争，就能成为工人阶级吗？拿你说吧，一向没二心，闷头干，可是，一遇风吹雨打，就想退却了！这像个工人阶级好战士吗？"

"退却？我到外厂也是为人民服务！"

"要是别的厂也不顺心呢？"

赵梦桃低下了头。

老蔺说："革命不是串亲戚。哪个地方没有斗争？哪里不要锻炼？你以为他们是对你个人过不去？不，他们是不相信工人阶级的力量，不相信自己！不相信新的劳动态度。"

说着，老蔺把她膝上的红围腰扯过来，抚平摸展，又说："咱就说郝建秀吧，她也是挺着脊梁斗争过来的。当初，在郝建秀创建工作法之前，传统的细纱工操作上没有统一的工作法，人随着机器转，看到什么干什么，本来刚转过的地方又出来一处断头，又得折回去接，时间一长，前面的断头就漏接了。郝建秀事迹报道后，引起了纺织专家陈少敏的注意，她要求将郝建秀工作法总结上报。六厂将任务交给车间一位技师，这位技师将郝建秀工作法很快总结为腿、手、眼的'三勤三快'……"

说起郝建秀，赵梦桃来了兴趣，睁大了眼睛仔细地听着。

老蔺继续讲起来："青岛国棉六厂在全厂推行'三勤三快'，并不顺利。纺纱女工本来劳动强度就大，一个工作日要在车前来回走六七十里路，推行'三勤三快'后，为了少断头，少出白花，女工们上厕所都是小跑。推行的结果，不仅全厂平均皮辊花率没下降，还引发了部分工人的抵触情绪。"

赵梦桃听到这里，眼神迷惑了，好像没听明白。

老蔺又说："在北京，陈少敏看到'三勤三快'工作法后，动气地说：'这不把工人累死了？肯定搞错了！'于是，她要求重新总结。结果，再次总结出的内容与上次的大同小异。陈少敏是纺织专家，她怎么也不相信，便带了总会及外地专家亲自下到六厂，观摩研究，终于总结出最后的版本，这才心服口服。1951 年 6 月 2 日，中国纺织工会

△ 青年时期的赵梦桃

全国委员会生产部副部长朱次复亲自到青岛，组建17人的郝建秀工作法研究委员会。这些人到厂里观摩郝建秀干活，里面有技术专家、劳动模范，还有些领导干部。他们整整盯了郝建秀两天，仔细查看她工作时的每一个动作和细节。接着，这个研究委员会又研究了五天，终于从接头动作、接头时间、清洁动作、清洁时间和动作顺序五个步骤上，总结出了郝建秀工作法：有正确的劳动态度，工作认真负责；虚心学习，肯动脑筋，提高技术；工作有计划，善于分配劳动时间，能分出轻重缓急进行操作；不浪费劳动时间与劳动力，做到一切以减少断头为中心，以少出皮辊花为目的。这样，郝建秀——一个 17 岁的普通纺织女工，成了全国工人竞相学习的模范。1951 年国庆节，郝建秀应邀参加国庆宴会，并在宴席上代表全国纺织工人向毛主席敬了酒。周恩来总理亲笔给她签了名。之后，郝建秀又受到了刘少奇等国家领导人的多次接见。郝建秀也经受了许多困难，她都挺过去了，于是就成长了，就成熟了！我相信你也一定能够像郝建秀一样，成为坚强的革命者！"

赵梦桃渐渐抬起头来，越听越入迷，甚至忘了自己为啥跑到这儿，忘了收拾包袱那件事。

老蔺继续说："真的假不了！一个革命者没有个硬脊梁那还行？哪一块好钢不是经过千锤百炼的？"

赵梦桃把乱发往后一撩，擦干了泪水，忽地站了起来。老蔺也站起来，把红围腰递给她，问道："要上班去？别忙走，把这个戴上！"

赵梦桃脸红了，把手藏在背后。

"戴上吧！常看看郝建秀红围腰，你就会走得更欢些，更稳些！"

从此，梦桃更像开足了马力的机器，在车间大干起来。开车时，别人一个巡回要用 3 到 5 分钟，她只用 2 分 50 秒。这样，赵梦桃也像郝建秀一样，成了走在时间前面的人。

→ 主人翁

★★★★★

赵梦桃不但用主人翁的态度来劳动，还处处以主人翁的身份关心、爱护国家财产。

1952 年，车间每部车头上都放着一把蘸过水的短绒花，这是供值车工抹毛辊用的。这些短绒花，到第二天就变得又干又硬，再也不能用了。

梦桃每次抹毛辊，手一压到这把短绒花上，就感到心痛。她想：一个人一天用三两，全车间三百多人，一年下来就要浪费三万多斤棉花。三万多斤短绒花能纺多少纱，能织多

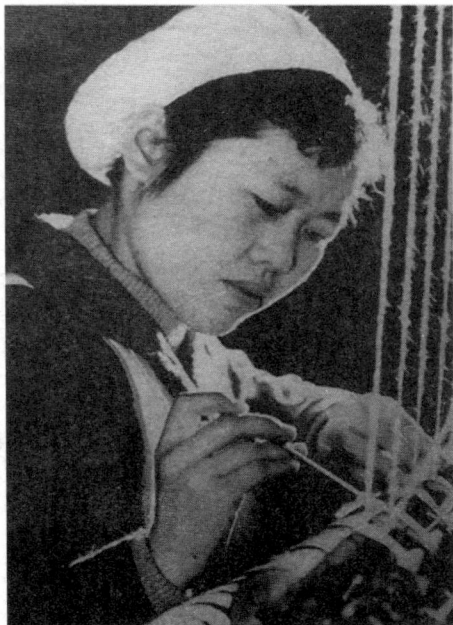

△ 赵梦桃在细纱机旁做机台清洁工作

少布啊，能缝多少衣服让人穿啊！

梦桃不由想起解放前，在一个严寒的冬天，她穿一身又破又烂的单衣，提着篮子，冒着风雪，上菜场去拾菜叶子。妈妈曾为没有棉花给女儿缝棉衣，受过多少熬煎，愁过多少夜晚，流过多少眼泪。如今，工厂是我们的家，不能让一星半点的棉花白白浪费掉！

梦桃想方设法要把这些棉花节约下来，她曾试着用唾沫蘸湿了手去抹毛辊，不行，一天得用多少唾沫啊！

这怎么办呢？

一天早晨，梦桃打扫宿舍，拿湿抹布擦门窗。这时，她灵机一动，想到了抹毛辊的事，手突然停住了。"对！用抹布代替棉花不就行了吗？抹布今天用过后，明天蘸湿了照样能用，这不就节省棉花了吗？"

梦桃高兴得蹦了起来。第二天，到车间一试，果然很好。这个方法，全车间的值车工都采用了，从而为国家节约了大量的棉花。

工厂是工人的家，谁要动工厂一根毫毛，梦桃坚决不答应！

1952 年，工厂开工不久，厂里制度不健全，有个在旧社会当过"二工头"的推车工，竟趁机捣鬼，偷偷对一个女工说："你想不想多拿奖金？"

"谁不想啊？可拿奖金又不是变戏法，哪能那么容易。"

"那还不容易，想办法把白花扔掉，白花不就少了？奖金不就来了吗？"

这话传到赵梦桃的耳朵里，她在小组会上对姐妹们说："在旧社会，工人给资本家干活，棉纱是资本家的，扔棉花是咱们工人和资本家做斗争呀。现在，可不能那么干了。我们是工厂的主人，一星一点都是我们自己的，我们不但不能丢，还要注意增产节约呢！"

梦桃还把这个推车工想干危害党和人民利益的事汇报给党组织，对他进行批评教育。

为谁劳动？应该用什么态度对待自己的工厂？赵梦桃不但用自己的行动回答了这个问题，而且还写了文章。她写道："现在，我们的党是执政的党，我们工人阶级是执政的阶级。我们的祖国这么大，不管工厂和农村，到处都是我们的家。执政党的党员，执政阶级的成员，就是国家真正的主人。我们工人在厂里，就要把厂当成自己的家，拿出主人翁的态度来劳动。同志们想想看，我们在家里干活，既没人给奖金，也没人给报酬，心里也根本想不到这些东西，只是一股劲地想做得又多又快又好又省。做好了自己高兴，做坏了自己心疼。这是什么原因呢？我想就是因为自己不光是拿出了主人的身份，还有一种主人的感情。我们生活在六亿人民的大家庭里，只要用主人的身份、主人的感情来对待一切劳动，就能把国家利益摆在前头，毫不计较个人得失，埋头扑着往前干，扎扎实实把工作做好。"

为了建设我们的国家，赵梦桃团结带动全组同志共同前进。她虚心学先进，热情帮后进，并把每个同志的好思想和好技术传播给大家，变为集体的财产，使姐妹们都提高思想觉悟和技术水平，更好地完成生产计划。

→ 工会组长

★★★★★

1952 年深秋，梦桃担任了工会组长。作为优秀纺织女工，赵梦桃被派往青岛疗养。

这一次青岛之行，使她有幸见到了自己的好榜样——郝建秀。榜样的鼓舞力量，总是无穷的。

郝建秀平易近人，循循善诱，让赵梦桃感到她就是自己的亲姐姐。

赵梦桃心里暗暗地想：原来英雄模范就是这样普通，我也要像她一样为国家做出巨大的贡献。

疗养结束，赵梦桃信心满满地回到陕西。车快到咸阳了，她早早就守在车门口，恨不得一下跳到车间去！投到阔别了两个月的姐妹们的怀抱里去。

已经调任细纱车间支部书记的老蔺，深情地含笑望着她：看这娃，脸晒黑了，胖了，两步当一步地走着，有些地方变了。

梦桃拉住老蔺的胳膊，有点神秘地说："蔺老师，这下我可见到了她！"

"谁？"

△ 赵梦桃小组。第二排右起第一人为赵梦桃

"郝建秀呗！一到青岛，我就一心想见她。我常站在楼房晒台上看，哪个烟囱下是郝建秀的工厂呢？盼呀盼，不想，正午睡哩，听说她来了，我的天哪！我慌得连鞋也穿不进去了。一看，郝建秀是个蛮憨厚的女子，和我早先想的可不一样！"

"你想她该是啥模样？"老蔺忍着笑问。

"我想，纺织界鼎鼎大名的模范郝建秀，既能闯过那么多关口，一定是个大高个儿，胸脯挺着，挺威严。没想到，竟是那么朴素，不失工人阶级本色。她穿一身洗得发白的蓝色列宁装，一见人就笑，笑得两眼都不见了。虽说只见了一面，就觉得她是掏出心窝子来待人的。"

"你和她说话了没有？"

"挤不上去哟！话虽没说上，可这一辈子也忘不了她！当天夜里我就想：看人家，那么随和，又那么坚强，自己呢，碰了个钉子就噘嘴。"

在集体的行列中，在党的教育下，在实际斗争中，赵梦桃越来越体会到工人阶级伟大的意义。在学习郝建秀的过程中，她懂得了怎样才能团结周围的工人姐妹，共同前进。

1952 年，赵梦桃连着八个月超额完成生产计划，被评为厂里的劳动模范。可巧就在这几天，她却闷闷不乐了。当了模范怎么还不高兴？姐妹们都感到奇怪。

一天，赵梦桃提着围腰，低着头走出车间，在林荫道上遇到老蔺迎面走来。他发现梦桃好像不大高兴，就问："梦桃，身体不舒服？"

梦桃摇摇头："不！"

老蔺又问："计划完成得不好？"

梦桃还是摇摇头："不是！"

"那你为啥不高兴？"

"组里的事不大好办。"

"为啥？"

"生产组长的做法我看不惯。"

生产组长老陈，对组员的缺点光哄不批评，装"老好人"。下班时该落的纱不落，留给对班。梦桃看不惯，提意见她不接受。这时，有的同志认为梦桃要求太严，竟和梦桃疏远了。因此，她感到苦恼。

老蔺听了，启发她说："思想交锋和打仗一样，这对你是个考验，也是个锻炼。对同志的缺点和错误，严肃批评是对的。但要全面地看一个同志，既要看到缺点，也要看到优点；既要帮助改正错误，克服缺点，又要发挥他的长处，这样才能把大家更好地团结起来。"

老蔺这番话真是春风送暖，聪明的梦桃脸上

露出笑容，她说："中！我一定这样做。"

从此，梦桃主动找生产组长商量工作，在技术上拜她为师，对她的缺点也诚恳地进行帮助。对她疏远的同志，她不但以一颗同志的诚心，注意从思想上帮助，而且在生产技术上向她们学习，发挥她们的长处。

有一个时期，组里有些姐妹的技术赶不上，个人完不成生产计划，影响了集体。同志们批评，她们很苦恼，梦桃也很着急。

老蔺看出梦桃的心思，对她说："你光顾自己埋头猛干，可忘了把你的劳动态度和工作方法给组员传授一下！"

"我教人家？我不是技术尖子呀！怎好意思去教人家？"

"病就在这儿！这叫自卑。你是工会组长，是先进生产者，对不？你的责任就是团结全组，带动全组。自己教不了，还有小韩和其他技术好的，为啥不请人家，求人家帮忙？"

"求小韩？"提起这个尖子，梦桃迟疑了。

"对，求她们去！这不是为个人求米求面，有什么不好意思？这，对你也是个考验哩！"

上班了，梦桃羡慕地看着正在操作的小韩。这巧人儿，在弄堂里穿行像只小燕子，接头好比掐花。蔺老师说得好，要是全组成员都能这样飞起来，该多好！

下班时，梦桃兴致勃勃地赶到小韩面前，叫了一声，没回应。没听见？又叫了几声，人家才回头冷冷地说："有话说嘛！我听得见！"

话头比北风还硬，梦桃强笑着说："小韩，你是咱们组里的技术尖子，大家希望你担任技术组长，带带徒弟！"

小韩停住脚掉过头，眼一闪，嘴一撇：

"我？你找错人了吧！凭我这笨样子，还敢教人？"

说完，一扭身就走了。

赵梦桃像钉在地上，半晌动不得。心想：天哪，我笨，我技术差，你就该这么藐视我吗？

经过一次风雨考验的梦桃，究竟不同从前了。她走在路上，想起了郝建秀。难道这点坎子还难闯吗？只要为了工作好，有什么不能忍的？有什么不能咽的？小韩一向利索肯干，只是好耍小性子，难道就看着自己姐妹任性下去吗？不能。于是，她咬咬牙又去了。

三国时，刘备曾三请诸葛，梦桃请小韩，谁数得清有多少次？个别谈不行，就在生产小组会上请。当着二十几个姐妹，小韩稳坐钓鱼船，一言不发。

有人劝梦桃："算了吧，何必呢？"

算了？不！梦桃想：我一定要把这盏灯拨亮。一定要打开小韩的心结，叫她一肚子蝴蝶飞满车间！

小韩前边走，她后头跟，你不理我我理你，你不说话我说话。小韩一甩手洗衣裳去，梦桃就去打水；小韩一扭脸收拾床铺去了，梦桃就拿起笤帚。

这样磨来磨去，小韩心活了。她想："人都有一口气，梦桃这样大仁大义，是为了谁？"

有一天，小韩终于对赵梦桃笑了，说话了，点头了！

革命的诚心和坚强胜利了！小韩热心地将她的技术传给了姐妹们。

梦桃又跨过了一道坎子，觉得眼前亮了许多。这时，一个问题浮上心头：为什么蔺老师总比自己看得远呢？自己啥时候也能像他那样胸怀广阔、足智多谋呢？对，一定要入党。

不久，梦桃揣着一颗火热的心，怀着成为一个光荣的共产党员的强烈愿望，参加了党课学习。

听了党史和党的建设，梦桃懂得了党是工人阶级的先锋队，党员要为实现共产主义而奋斗。赵一曼、刘胡兰等英雄人物成了她心中模范共产党员的形象。在她的衣兜里，老揣着《赵一曼》《刘胡兰》等小册子。她像着了迷一样，逐字逐句地琢磨着，体会着她们的革命精神和高贵品质。这下梦桃才明白了共产党员为什么眼光看得那样远，胸怀那样宽广；懂得了人活着为了什么，怎样活着才有意义。她在党课学习笔记上写着："无产阶级的人生观是肯定社会主义、共产主义一定能够实现。我们活着就是为了这个，连自己的生命包括在内。除了社会主义、共产主义，我们再不为别的。"

1953 年 9 月 13 日，党支部大会讨论通过了赵梦桃同志入党。这是她最难忘的一天。做了工人阶级先锋队的战士，她是多么的兴奋和自豪啊。党的血液在她的周身沸腾，党的话在她的耳边回荡。

现在是共产党员了，一个共产党员就不能像过去那样，光是好好干，还要懂得为什么好好干，为谁好好干，要肩负起建设社会主义和共产主义的重担，领导群众一道前进。

这天晚上，梦桃从苦难的过去，想到幸福的今天，激动地在日记本上写道："党时时刻刻都在关心着我的成长，给了我最宝贵的生命。我参加在这个队伍里，就要去迎接最严格的考验，去战斗一生，改造一生。"

→ 真金子

★★★★★

"我们是工厂的主人"，这在以前只是个理想，但是在共产党领导下，经过长期的革命斗争，终于实现了。

"我们是国家的主人"，这对祖祖辈辈田无一垄、瓦无一片的赵梦桃来说，是多么亲切啊。

如今，国家要搞建设，要大办工厂。

梦桃从入厂那天起，就把自己当成工厂的主人，把工厂当作自己的家。她总是以主人的身份、主人的感情，忘我地劳动，她说："我要像一个钟表一样，开动起来，就永不止息地走动。"

梦桃一进车间，就像战士上了战场一样，

△ 赵梦桃宣传画

精神抖擞，思想集中，从上班到下班，始终
如一。每天，她都提前进车间做好准备工作；
下班后，她晚出车间，做好交班工作。因此，
她天天都能出色地完成国家的生产计划。她
认为，只有对得起工厂，才能对得起国家。

　　1953 年 6 月，厂里准备开三班，党委提
出扩台扩锭的号召。赵梦桃第一个响应，要
求看六百纱锭。第二天，梦桃早早地进车间
做好准备工作。一开车，六百纱锭齐飞转。下
了班，大家争着看赵梦桃扩锭捷报。有的姐

妹激动地说："梦桃长两只手，咱也长两只手，人家两只手能为工人阶级争光，难道咱两只手就不能给工人阶级争光吗？明天咱也看六百锭。"

也有个别姐妹对赵梦桃说："看二百锭拿那么多工资，看六百锭也拿那么多工资，你何必呢？"

赵梦桃又一次碰到资产阶级思想的挑战，她严肃地回答说："咱不是为工资干活。咱们当工人是为了国家搞建设，多看锭子，能为国家创造更多的财富，这是咱工人阶级的本分，不能讲价钱。"

1953 年 8 月，梦桃参加了全国纺织劳模大会。在会上，她又见了刚上大学的郝建秀和许多当了劳动模范的共产党员。她觉得这些同志身上，都有着非常坚强的革命意志和广阔的胸怀，引起她无限的向往和深思。

回咸阳后，夜晚，灯早关了，赵梦桃还在翻身，一个女伴悄声问道："梦桃，还没睡吗？也难怪哟，要是我也能到天津开一次会，回来高兴得非晕了不可！"

"你要是真的称了心，就不这么想了。"

"那你为啥睡不着？"

"我觉得，开一次会，肩上就沉甸甸地加了分量。你不知道，咱们工人队伍里有多少真金子啊！这回我见了几个党员劳动模范，人家那才是摧不垮的真英雄呢！啥时候，我才能像他们一样，也成为真金子呢！"

"你已经是真金子了！"

梦桃久久不能入睡，那些劳模的事迹历历在目，她们有比自己年岁大的，也有比自己小的。不过，大家的经历都差不多一样。

1931年出生的黄宝妹，13岁进入裕丰纱厂做纺纱女工。1949年是黄宝妹人生的转折，她常兴奋地说："突然就有了工人当家做主的感觉，班长是我们自己选出来的，再也不会看不到太阳了，工作起来劲头十足。"去年春节，她还与周总理握过手。黄宝妹太厉害了！她可以照看1000个纱锭而绰绰有余。别人在纺纱机前手忙脚乱，地上的线头、棉线乱七八糟，能照看800个已经很不错了。而黄宝妹却可以很悠闲地来回踱步，地上干干净净。上海的妮子真能干呀！梦桃暗暗称赞着。

1953年，黄宝妹第一次进北京参加表彰大会，在火车上坐了七天七夜。那是她第一次离开上海，放眼向车窗外望去，看到农民赤膊在田里劳动，她就在心里说："我们纺纱工的责任太大了，一定要多纺纱，让他们穿上衣服。"

还有，在这次大会上，梦桃发现郝建秀更漂亮了，不但是劳模，而且还有知识分子的气质了！

　　梦桃想：自己有幸和她们一起开会，真是太荣幸了。

　　1953 年 9 月 13 日，梦桃常常回忆起这一天：

　　十几个人聚在夜校的一间教室里。这是讨论赵梦桃和小黄、小李入党的支部大会。

　　讨论小黄的时候，在肯定了她的一些优点后，会议气氛变得严肃了。梦桃看到这些平日那么和气宽厚的同志，如今却脸对脸心对心的，对小黄说出她在自己父母兄弟身边听不到的深透批评！有的说她当劳模后有脱离群众的苗头，有的劝她别把党和群众的功劳荣誉记在自己账上……梦桃一边听一边想：这些坦率严格的话，除了党的会议，哪里能听到？对！谁要站到这个队伍里，谁就要去迎接最严格的考验，战斗一生，改造一生，要不，怎么做真金子呢？

　　轮到讨论梦桃的时候，她倒反而心安了。蔺书记和党员同志们望着这个眼睛清得像泉水似的女子，她是那么纯洁、质朴、克己、勤恳。她经过一次次考验，迈过一个个坎子。她也有缺点，她毫无锋芒，却有自卑感。

　　赵梦桃睁大眼睛，把这些战友的话记在心里。她不遮掩自己身上的缺点，也不隐瞒渴望到党内进行严格锤炼的心情。

　　支部大会通过了赵梦桃入党的申请。她走出会场之后，第一个涌上来的念头就是："今后，我要做一个人民勤务员，要配得上党员这个称号。"她的眼更明，心更亮了。

自己出身苦，文化低，但不能自卑，要像真金子一样闪闪发光。

→ 勤学苦练

★★★★★

作为工人阶级先锋队的一名战士，赵梦桃时时严格要求自己，要做一个优秀共产党员，尽最大努力为党工作。

梦桃说："一个共产党员，政治好是最重要的，但是如果生产技术不好，没有真本事也是不行的，也不能建设社会主义。"

梦桃把学好技术当成完成生产计划、搞好建设事业的工具。她处处留心别人的长处，虚心请教，勤奋学习。

挨着梦桃车子的值车工淑英，掐头掐得又好又快。但是，她怕别人把自己的技术学去，那时再去追赶别人就费劲了。因此姐妹们向她学，她总是推三阻四不愿教。

有一天，小组搬进了新宿舍。当时，天气严寒，淑英直叫冷，赵梦桃就说："咱俩一起睡，合伙盖吧。"

淑英说："中。"

这样，两人就亲亲热热地睡在一起了。

△ 1951年，16岁的赵梦桃进入陕西国棉一厂，为了掌握技术，课本总不离身，她的两只手从不闲着，只要有时间就苦练操作技术

第二天下夜班后，两人坐在床上。淑英正要脱衣服，梦桃从衣兜里掏出两个坏纱说："淑英，不忙睡，咱俩比一比掐头，看谁掐得快，掐得好。"

淑英兴冲冲地说："比就比，今天非和你比个高低不可。"

于是，两人就掐起头来。淑英只顾低着头猛掐，梦桃掐了几根就停下来，只顾看淑英掐。淑英掐了一大把，猛抬头一看，见梦桃只掐了几根，便惊奇地问："你怎么不掐？"

梦桃扑哧一笑说："你掐一阵，我掐一阵。"

"咱又没个表，咋算时间呀？"

"我心里头有表！来，我掐给你看。"

淑英看着梦桃掐了几根，便捉住她的手说："不对，不对，那样掐太慢。"

"那怎样掐？"

"这样掐。"淑英说着便教赵梦桃掐起来。

这天晚上，她俩谈得很起劲。赵梦桃抓住时机，趁热打铁，恳切地对淑英说："咱们工人阶级是领导阶级，要站得高，看得远，不能只顾自己，不顾集体。拿你来说，你技术好，可就是不愿给大家教。要知道，光自己好还不够，还得要大家都好，把你的掐头技术教给姐妹们吧。"

第二天下班了，淑英和梦桃还在车上练掐头。梦桃练，淑英教。她看梦桃学到手了，就高兴地说："你比我掐得还好了。"

"哪里，我还要向你学接头呢。"

"接头？那我可不行，玉华接得比我好，比我快。"

"那咱们明天把玉华也叫上，一块儿学。"

"中。"

她们三个学了一星期，梦桃又掌握了接头技术。

这时，梦桃提出："咱们干脆组织个技术学习小组，以咱们为核心，带动姐妹们学吧！"

淑英说："好是好，但我可不行。我一天跑得像兔子一样，白花还出得多。人家小韩不慌不忙，白花却出得很少。"

梦桃高兴地说："那好，明天把小韩也带上，参加咱们技术学习小组。"

第二天，技术学习小组成立了。在梦桃的带动下，姐妹们卷入了学习技术的热潮。

不久，她们的技术提高了，胜利地完成了生产计划，姐妹们的劲头更大了。

1956 年 5 月，赵梦桃出席了全国先进生产者代表会议。

会议期间，赵梦桃在北京国棉二厂看到了无锡的一位先进生产者表演的双手绞皮辊。她大吃一惊，不禁眼热心动："人家两手绞我一手绞，比人家慢一倍，要能学会双手绞该多好啊！"

梦桃挤到前边，两眼盯着看，两手也在不停地模仿着，巴不得一下就学到手。

散会了，赵梦桃在门口看见有人在吃糖葫芦。她被那人手里的糖葫芦棍吸引住了："这不正好做绞花签吗？"

梦桃立刻到街上买了两串糖葫芦，用刀子把糖葫芦棍削成绞花签，然后练起来。开始左手不听使唤，不是花签转不动，就是掉了。

"不！人家能创造出来，我赵梦桃还学不会？我一定加紧练习，练会了好回咸阳教给姐妹们。"

赵梦桃会前练，会后练，回咸阳时坐在火车上还在练，有人问："为啥这样急？"

赵梦桃笑着说："厂里的姐妹们在等着呢。我得马上学会，一下火车好把这技术传给大家。"

赵梦桃常说："我们要把学来的东西，当成党的财富，毫不自私地传授给更多同志。"

赵梦桃这样说，也这样做了。她回到厂里的第二天，就把学来的先进经验传授给了姐妹们。

谁有一点长处，梦桃的眼睛看得可清楚了。

小郑落过纱后，头三圈巡回掌握得好，断头少，梦桃就向她学习。

对班的小宋"宝塔式"换粗纱好，梦桃就每天提前上班，向她请教。

一天，听说宝鸡新秦纺织厂有个姑娘创造了均匀定量、少做勤做的分段清洁操作法，梦桃立即利用假日到宝鸡去学习。

1958年，工厂党委号召一人多艺，人人都做多面手。

赵梦桃想：如果空锭子少了，就能给国家多纺棉纱。于是，她就先学落纱技术。

为了掌握落纱技术，梦桃把手磨破了，就用胶布粘住再落，再练习。在落纱工的帮助下，她很快掌握了落纱操作技术。

这时，赵梦桃又想：值车工过去只掌握运转值车的一种技术，除了接头、打擦板、搞清洁外，机器一旦出点小毛病就干着急没办法了。要是学会检修机器，有点小毛病，自己随时就可以修好了。于是，她买了简单的工具，和生产组长订立了包教包学合同，开始学习检修机器。

这期间，梦桃在业余学校里还努力学习文化。俗话说："天下无难事，只怕有心人。"没几年，赵梦桃在文化水平上由只认识五六百个字提高到初中毕业程度；在技术上，不仅会值车，还能落纱、摇车、检修机器。

当姐妹们都称赞梦桃学得好的时候，她说："学习是为了革命。没有文化技术，就不能建设社会主义，我们要一点一滴地学习别人的长处，把它变成集体的财富。"

赵梦桃就是这样勤奋虚心、如饥似渴、坚持不懈地勤学苦练，一点一滴地吸取别人的长处，向先进学，向一般同志学，也向后进学。她就像蜜蜂酿蜜一样，为国家采粉酿蜜。她总是把自己学到的东西毫无保留地传授给大家，和姐妹们一道前进。

➡ 姐妹情

★★★★★

一天，梦桃听说一个刚调来的帮车工秋芬，到哪部车，哪部车都不欢迎，和谁住在一起，谁都嫌她邋遢。梦桃看了看这个姑娘，摸着她那自幼磨粗了的大手，心里不觉一动，不禁产生了同情心。

梦桃帮秋芬拾掇梳洗，要她为自己帮车。梦桃仔细观察着她，只见车间里锭转如飞，别人都忙得像走马灯，她却常常发呆地盯住什么，傻看半天不动。这神情看来好熟悉啊！这不是当年母亲常有的神态吗？

△ 一个姐妹刚调来值车，赵梦桃就主动把好用的纺纱车让给她

下班后，梦桃总是陪着秋芬，关心她，用爱融化她心头的那块冰！这个见人从不搭腔的姑娘，感动得伏在她肩上哭了。

原来，秋芬是童养媳出身，身心受过摧残，病得很重。

不久，在厂党委的关心下，秋芬住进了医院。

一天，梦桃领着组里的姐妹到医院去看秋芬，她抓着梦桃的手不放，硬是要跟着大家回去。她流着泪说："我实在离不开你们呀！"

回来的路上，有人说："没想到秋芬是这么好的姐妹！"

梦桃说："她本来就是咱的亲姐妹，旧社会冷眼看她，挤压她，到了自己家里，咱们姐妹就该捧出心来暖她！伸出手来扶她！"

大家异口同声地说："说得好。"

在党的事业与利益面前，赵梦桃总是义无反顾地挺身而出。

1955 年的一天，梦桃从外地回来，正遇上小组开会。大家在为小孟完不成生产计划，影响了先进小组荣誉而焦躁。小孟鼓起了眼睛，越听越烦："你们光会说，也不了解了解情况，是我不努力吗？"

梦桃想：小孟一向工作不错呀！于是，她就亲自到小孟车旁观察。原来，这车子不顺手，连对班两个技术很好的同志也完不成计划，一见面就唉声叹气，弄得小孟一上车就心慌，白花越出越多。

怎么办？赵梦桃急得心里像火烧，正走着，忽听有人说："梦桃的技术并不是尖子，计划为啥完成得那么好？"

另一个说："她的车子好使呗！"

梦桃听了这话并不反感，反倒心亮了："对！我和小孟换车。"

同行的女伴说："小孟的车子太难照看！还是换个技术尖子去吧！"

梦桃说："有困难了，正是需要咱党员的时候，不能因为技术差就推给别人啊。"

梦桃换车后，头一天弄得手忙脚乱，白花虽比小孟少一些，但也相当惊人。

周围的同志都慌了，有人说："你不同别人啊，梦桃！你要完不成计划，各方面都要受影响哩！"

还有的说："梦桃，你是工会组长，这样如何说服别人？快把车换回来吧！"

梦桃笑了笑，平静地说："我要退下来，那会是什么影响？又怎么说服别人？一个共产党员，要的是国家的事业，不是个人的名声！"

在这样的战士面前，故障怎能不胆怯，车子又怎能不驯服呢？

不久，梦桃便驾驭了这辆人见人怕的车子，轻松地完成了生产计划。

党的好女儿

→ 八大代表

★★★★★

1956 年 8 月，赵梦桃光荣地当选为中国共产党第八次全国代表大会代表，全厂职工敲锣打鼓欢送她。

1956 年 9 月 15 日下午，在北京，中国共产党第八次全国代表大会就要开幕了。

赵梦桃坐在座位上，放眼四望，只见一张张和蔼可亲的面孔，不是英雄，就是模范。他们年龄不同，服装不同，身份不同，但都投来亲热的目光，流露着对同志的爱，极为深切。

梦桃知道，在座的许多代表，本身就是一部活的历史。坐在这些最优秀的革命战士

△ 赵梦桃说:"能帮助别人前进,是人生的最大幸福! 我们要把每一个同志心里的火都扇旺! 不让一个伙伴掉队,不让周围有一个小组掉队!"

中间,自己真像投入大海的一滴水,是那样渺小,又是那样的光荣。

快开会了,会场静悄悄的,显得十分肃穆。

梦桃探起身子,向主席台张望。

在不见天日的旧中国,人们终于在 1949 年盼来了阳光普照的春天。眼下,梦桃就要亲眼看到这轮光芒四射的太阳了!

突然,全场灯光大亮,毛主席走上主席台致

开幕词。他的声音是那么雄浑，那么乐观，像在千山万壑长天大海之间回响！

梦桃仔细看着毛主席的手势、笑容，琢磨着开幕词里的每一个字，她被那安详、沉着而热情洋溢的语句感染着。每一句话，每一个字，都像甘露一样沁入梦桃的肺腑，像金石一样发人深省。

梦桃把毛主席的话句句刻在心里，决心用它来指导自己的行动。毛主席说："即使我们的工作得到极其伟大的成绩，也没有任何值得骄傲自满的理由。虚心使人进步，骄傲使人落后，我们应当永远记住这个真理。"

遵照伟大领袖的教导，梦桃警惕地对自己说："我一定要谦虚谨慎，一切成绩归功于党，绝不以为自己做出一点成绩，受到表扬和奖励，就沾沾自喜，变得骄傲起来。"

在梦桃心里，毛主席就像一座高山！不论什么风雨，他都能承担。毛主席就是一轮太阳，不论什么云雾，他都能射透。你在他面前，就觉得整个世界都在脚下，劳动人民都在身边！

会议进行着，一座壮丽的社会主义大厦在这

里设计，在这里奠基。

梦桃仿佛看见自己车间里的车流泻出一条条编织万里锦绣江山的彩线，一座座厂房支撑起了共产主义大厦，一个个姐妹手里传送着构建大厦的砖石。

在伟大英明政党的领导下，有什么跨不过的坎子？有什么迈不过的高山呢？

会上，梦桃被代表们以党的指示进行批评与自我批评的认真态度所深深地感动着。他们肩上担着建设祖国的重担，遇到一个又一个难关。他们那么乐观，总是严格地要求自己，把一个个难关都克服了。

会后，梦桃向人说："现在，我才体会到'做好人民勤务员'这几个字的含义，这句话深得很，深得很！谁要能真懂了这句话，就懂得什么是共产党员了。"

选举时，会场里响起了纸张翻动声和沙沙的笔响声。赵梦桃伏在桌上，想起了倒下的老爹，洛阳血火中惊跑的人群，吱吱作响的铁轮大车，诉苦会上一声声的血泪控诉……她又想起了拖拉机上的青年农民，炼钢炉前的工人伙伴，千万个正走向建设岗位的小姐妹……

这真是新旧社会两重天，身在福中要感恩。梦桃想到这里，毅然地拿起笔，在恩人毛泽东的名字上浓浓地画了一个圈。她要代表那些不能与会的亲人投上一票！她要在这名字上留下对党的深情。

散会了，这天晚上，梦桃兴奋得整夜没有合眼。

一个旧社会的苦孩子，能够有今天的光荣；一个普通的纺织工人，能够参加党的全国代表大会，和党的领袖坐在一起，共商党和国家大事。这怎么能不让她激动呢？

她想到党怎样把自己从一个幼稚的姑娘，培养成为一个光荣的共产党员；怎样从一个普通的工人，培养成劳动模范。现在，她又荣幸地当选为党的八大代表。

梦桃发誓绝不辜负党的培养和期望，一定要为党做出更大的贡献。她这样告诫自己说：

"我对未来的原则是：向前努力做出新贡献，再给社会主义大楼加上一砖一瓦。"

接着，她提笔给妈妈写了信："妈，我绝不辜负党对我的培养以及同志们对我的帮助。我要更进一步做好组织上交给我的一切任务，绝不骄傲自满，更要虚心地向同志学习。密切联系群众，争取在生产战线上做出更新的成绩。"

"八大"以后，梦桃变得更加谦虚，更加珍惜自己的荣誉了。她常常提醒自己："保持荣誉就是保持党的威望；荣誉是平凡劳动的最高奖赏，是党给我劳动的鉴定，是党对我上进的鼓励；是党交给我的新任务。"

由于梦桃对荣誉有深刻认识，所以她在前进的道路上，胜利地通过了一次又一次考验。

→ 党的指示

★★★★★

禾苗的成长，离不开雨露和阳光；赵梦桃的成长，全靠党的培养和党的指示。

"八大"开幕的那天晚上，夜已经很深了，大会的讲话和精神像钟声一样，还在梦桃的耳边响着。她感到党中央的指示句句贴心，句句有力，觉得浑身是劲。

会议期间，梦桃情不自禁地对一位代表说："要能天天听到党中央的讲话，那该多好呀。"

那位代表笑了笑说："好啊，但党中央忙得很，哪能给咱天天讲话呢？要想听党中央的教导，那也不难呀。"

"又不见面，怎能不难啊？"

"可以关心政治，学习党中央的指示，提高理论水平啊。"

梦桃一听这话，恍然大悟，点头说："对，我一定要好好参加政治学习。"

赵梦桃回到咸阳后，对学习党的指示抓得更紧了。她衣兜里老揣着小册子，不论是班前班后、会前会后、星期天或者出外开会，她总是手不释卷，如饥似渴地学习着。

在厂党委的具体领导和教育下，赵梦桃努力学习政治理论，并有了明确的目的性，正如她自己讲的，是"为改造思想，提高思想水平而学"，"为党的需要而学，为建设社会主义、共产主义而学"。

梦桃具有很好的学习精神，能够虚心地、认真地、理论联系实际地学习。她自觉地边做边学，边学边用，学一点，通一点，用一点。她常常联系自己的思想，针对工作中存在的问题，向党的指示请教，指导自己的行动。

有一次，车间里又出现了一部难看的车子，领导马上派赵梦桃去驯服它。

赵梦桃上车一试，断头、白花把车子缠得像茧一样，真的不好掌控。

梦桃有些慌了，不禁手忙脚乱。怎么办呢？这时，她忽然想起，最近学习政治理论时，毛主席说过这样的话："常常听到一些同志在不能勇敢接受工作任务时说出来的一句话：'没有把握。'为什么没有把握呢？因为他对于这项工作的内容和环境没有规律性的了解……"

这句话，像一盏明灯，照亮了梦桃的心。她想："车子是死的，人是活的，我们不能叫车子支配人，一定叫车子听人支配。要让车子听人支配，就得摸透车子的脾气，掌握车子的规律。"

于是，梦桃每天早上班，晚下班，全神贯注地摸索这部机器运转中的毛病，又详细地向对班同志了解情况。很快地，梦桃便找出了车子难以掌控的原因：新换的皮圈不光滑，有些锭胆还出毛病。

找到了病根，梦桃立即请保全工检修机器。

这样，很快地解决了车子出白花的问题，车了被制服了。

在困难面前，赵梦桃也常常理论联系实际地解决问题，一次次地战胜了困难。

有一个时期，棉纱的质量要求高，但原棉质量差，很多人完不成计划。

为此，厂党委提出"用低级棉纺优级纱"的号召，有的姐妹缺乏信心，都说："这样的低质棉，不纺二级纱就不错了，还纺啥优级纱啊？"

赵梦桃也感到"用低级棉纺优级纱"的确有很多困难，可她一想："愚公能移山，我们有党的领导，大家想办法，还有什么山不能移，什么海不能填？什么困难不能解决？"

梦桃组织大家学习《愚公移山》等文章，有的姐妹说："愚公能移山，主要是有坚定的信心和顽强的精神，咱们如果有了这种信心和精神，还有什么困难克服不了？"

见大家有了战胜困难的勇气，赵梦桃说："对，我们要在战略上藐视敌人，在战术上要重视敌人。我们用低级棉纺优级纱，光凭勇气不行，还要有办法。"

在党的指示鼓舞下，梦桃领导大家先在每个人的车上做六个锭子的试验。

第一天，梦桃和另外两个人就纺出了优级纱。

赵梦桃和大家边总结经验边推广，终于战胜了困难，使全车间都纺出了优级纱。

赵梦桃把姐妹们敢于斗争敢于胜利的革命精神向织布车间的姐妹们介绍，织布车间的姐妹们受到了很大的鼓舞。原先她们认为全月不出次布根本不可能，听了赵梦桃的经验介绍以后，她们破除了迷信，解放了思想，当时就有四个姐妹提出一个月不出次布的保证，结果有三十多个姐妹实现了保证。以后，还有不少姐妹创造了220天、250天、290天无次布的新纪录。

后来，赵梦桃写了一篇文章，她说："在困难面前，畏缩胆怯，吓得哭鼻子，这不是我们革命党人，不是我们工人阶级的应有表现。我们要正视困难，知难而进，积极地克服困难，为革命事业开创顺利的新局面。"

赵梦桃学了《为人民服务》和《关心群众生活，注意工作方法》后，更加注意从政治上、生产上、生活上关心同志和帮助同志，特别是关心和帮助后进的同志，把全组团结得像一个人一样。她说：

△ 赵梦桃带领大家学习理论

"我们有一颗同志的诚心，这就能开万家锁。"

梦桃曾经为帮助一位同志解决婚姻问题，一连 7 个星期天都没休息。

有的同志说："梦桃，你身体不太好，还操那份闲心干啥？"

梦桃说："毛主席说'一切群众的实际生活问题，都是我们应当注意的问题'，同志的婚姻问题能不管吗？关心群众的生活，也是为了搞好生产，也是为了鼓足大家的干劲，更好地为建设社会主义出力呀。"

每到假日、节日，赵梦挑就组织小组的一些同志到家务拖累大的姐妹家里去，主动帮助她们看孩子，洗衣服，安排家务。有的姐妹担心她累坏了身体，劝她以后不要这样做了，她总是说："我们都是来自五湖四海，为了一个共同的革命目标走到一起来了。一切革命队伍的人都要互相关心，互相爱护，互相帮助啊。"

赵梦桃不仅自己孜孜不倦地学习党的指示，全心全意地按照党的教导办事，而且还带动小组同志学习党的指示，用党的指示武装每个同志的头脑。她和姐妹商量，组织了三个学习小组，根据党的任务、生产关键和思想问题，有目的有计划地学习党的指示和政治理论。

为了团结得更好，正确地运用批评与自我批评的武器，赵梦桃和姐妹们一起学习了《论联合政府》、《反对自由主义》等几篇文章。姐妹们懂得了开展批评与自我批评，很快能抵制各种政治灰尘和政治微生物了。

赵梦桃努力加强小组活动，定期召开碰头会、生活检讨会。组里发生了问题，大家坐在一起谈谈，开展批评与自我批评，把小组锻炼成一支觉悟高、纪律严的"红色突击队"，做到了政治思想工作深入到生产、生活中去，以及每一个组员的家庭中去。

由于政治觉悟提高了，赵梦桃小组不管在何种困难情况下，都能按月按季全面完成生产计划，季季年年都被评为先进小组。

学习党的指示，使赵梦桃的阶级觉悟提高了，她的胸怀更加宽阔，眼光更加远大，不仅看到了自己的小组，自己的工厂，而且眼望全国、全世界。她常说："自己解放了，过好了日子，不能忘记世界上还有三分之二的阶级兄弟没有解放，我们要好好工作，为解放全人类的伟大事业贡献自己的力量。"

赵梦桃在学习中始终保持虚心、认真、好学不倦的精神。无论在生产繁忙的时候，在出外开会的时候，在医院治病的时候，她都坚持学习。她常说："一天不学习就睡不着觉。"

梦桃感到党的指示听起来非常亲切，像种子落在土里一样，能落实在人的心里，生根，开花，结果。

梦桃经常向同志们讲："党的指示就是真理，谁要能够努力学习党的指示，努力掌握和运用党的指示，谁就能在工作中取得一个又一个的成就；谁要是离开党的指示，谁就一定会在工作中碰壁，把事情办坏。"

赵梦桃以党的指示武装了自己的头脑。她的思想愈来愈红，风格越来越高。

⊙→ 不让一个伙伴掉队

★★★★★

轮声，那么沉稳；脚步，那么刚健。

梦桃胸中展望着灿烂的未来，自己这平凡的岗位有多少工作要做啊！她感到自己那小小的肩头上，肩负着革命大厦的重量！为此，不能让一个伙伴掉队，要团结起来，咱们工人才有力量。

熟识梦桃的人们都觉得，自从"八大"结束后，梦桃身上有了巨大的变化。她笑得更开朗了，胸怀更宽广了，对人更虚心了，待人更诚恳了，关心人更普遍了！

一天下午，梦桃约几个组长在厂区鱼池边亭子上聊天。她倚在栏杆上等人，看着当年在这儿坐着流泪的地方，不禁脸红了。

自己总算一步步走过来了，可那些来来往往穿白围裙的姐妹们，有多少想戴红围腰啊，有多少还是没挖出来的金豆子啊？一定要抓紧把她们培养成英雄突击手。

几个组长到齐了，谈起了组里的情况：有的同志老实肯干，可就是生产上不去；有的姐妹心灵手巧，可就是老皱着眉头；有的人一向拔尖，可最近却突然滑坡了。

发生了这些状况，会影响生产的，怎么办呢？有的说，多调些尖子来；有的说，那还叫什么先进小组？要帮她们学技术；有的说，思想问题不解决，技术也学不进。

大家各说一理，争执不下。

这时，梦桃说："依我看，咱们组的同志都不错。哪个同志心里没盏灯？没把火？在咱们队伍里，哪个是甘心落后的？要不，为啥一听完不成计划就哭鼻子呢？生产上不去，各人有各人心上的一把锁。"

"对！可谁有那么多钥匙去开锁啊？"

梦桃肯定地回答道："有，我们都有一颗爱心！这就能开万家锁！"

接着，梦桃决定和大家一块儿挨个摸底，分头帮助，大家的心亮了许多！

最后，梦桃说："能帮助别人前进，是人生的最大幸福！我们要把每一个同志心里的火都扇旺！更不让一个伙伴掉队，不让周围有一个小组掉队！"

大家异口同声地说："对，不让一个伙伴掉队！"

这话何等的豪迈，多么有气魄！何等的乐观，

△ 在学习"郝建秀工作法"活动中，赵梦桃以最优异的成绩第一个戴上了"郝建秀红围腰"。

真是充满了信心！

不久，在党委的倡议下，这话成了全厂的口号，震响了整个国棉一厂。警示了先进，振奋了后进。

要想不让一个伙伴掉队，就要和同志以心换心。

赵梦桃对自己要求极严，对同志却耐心启发，善于等待。对自己的生产学习以最高标准衡量，从不强调困难；对同志却仔细分析，体贴入微。自己有病，从不声张；对同志却知冷知热，心细如发。

十多年来，赵梦桃就是这样，把自己的精力、时间、心血全放在同志的身上！她察言观色，无微不至。同志们赞叹说："什么也逃不过梦桃那双眼！"

新从外厂调来的小赵，总是无精打采地拖着一双鞋上班。车间是战场嘛！她是怎么啦？梦桃不忙着批评，先去从各方面了解，星期日搞家访。原来，是她和婆婆间闹起了家庭纠纷！为此，小赵心里堵得慌，干什么都提不起神来。梦桃对症下药，多次上门调解，让家庭恢复了和谐。小赵心上的锁开了，生产不用催就上去了。

整天歌声不断的小梁，突然不吭声了，一开起会就坐在墙角想心事。上班时无精打采，仿佛她的车子也不像以前那样发出响亮的声音了。

△ 赵梦桃和翟福兰

会后，梦桃扳着小梁的肩膀问："这是怎么了？"

原来，小梁生了孩子，但不会处理家务，不懂得人世上还有婆媳关系！自己觉得对婆婆毫无二心，可是她那股孩子劲儿却得罪了人。

梦桃一听笑了，像个大姐姐似的，一点点教她。不久，又听见她放开嗓子唱起来了。人唱了，机子还能不唱吗？

福兰刚调来的时候，比别人少看二百锭子，

白花出得却比别人多，很长时间没有完成计划。福兰感到自己技术差，可是又不好意思向别人学习。

赵梦桃看出了福兰的心思，就说："建设我们伟大的社会主义祖国，一个人的力量是有限的，集体力量才是无限的。一双手巧不算巧，百双手巧才是巧。"

一下班，赵梦桃就和福兰一块儿学技术，从头学郝建秀工作法。在帮助福兰的过程中，梦桃发现她换粗纱好，马上反过来向她学，一次又一次叫福兰教。赵梦桃的模范行动感动了福兰，她想："人家赵梦桃是共产党员，全国劳动模范，看到我有一点长处就学，我还有啥抹不下脸来的呢？"

在赵梦桃帮助下，福兰的思想有了进步，以后她不光向赵梦桃学，还向对班的小宋学，技术很快便提高了，月月出色地完成计划，被评为先进生产者，还加入了青年团。

1958 年，赵梦桃把从上海学到的先进经验教给姐妹们。福兰觉得新操作法不习惯，不愿意学，于是计划又完成得不好了。有一天下班后，梦桃把福兰留下，一面耐心地教她新操作法，一面恳切地对福兰说："我们过去是穷人家的孩子，现在成了工人阶级的一员，肩挑着建设社会主义、共产主义的重担。这就要求我们要永远向前看，不停地前进！革命就得革到底，社会主义社会一定要建成，共产主义社会一定要实现。车套上了就得拉上去，不能停在半坡上啊。"

福兰听了，深受感动。

在业余时间，梦桃还给福兰介绍有关党的知识，还介绍革命英雄故事的书籍让福兰看。她问福兰："有些英雄人物和我们一样，是个年轻的姑娘，人家为啥那样勇敢，冒着枪林弹雨，出生入死？"

福兰憨憨地笑着说："人家是共产党员呀。"

"对！是共产党员。她们有着伟大的理想，能像松树那么坚强；她们不怕狂风暴丽，能像杨柳那样坚韧。她们能够到处发芽生根干革命，福兰，我们应该向英雄人物学习啊。"

福兰在梦桃的帮助下，接受了党的教育，努力提高自己的阶级觉悟，于1961年9月加入了中国共产党。在入党的那天，梦桃向她祝贺，勉励她说："入了党，肩上的担子就更重了，更应该虚心学习，继续前进。"

福兰说："我一定记住你的话。"

后来，福兰又被评为全省纺织技术标兵。

车间有个女工小陈，长期完不成计划。大家

说她思想落后，调到哪个组哪个组都不愿意要。当车间领导决定调小陈到梦桃小组时，组里核心成员不少人怕小陈来了会影响先进小组，也不愿意要。可赵梦桃不这样看，赵梦桃以深厚的姐妹感情，用一分为二的革命辩证法，决定帮助小陈赶上先进。她说："十个指头不一样齐，先进和落后不是一成不变的，只要我们耐心地帮助，落后可以转化为先进。我们绝不能因为怕影响小组的先进称号就推开姐妹不管。先进小组应当起到革命熔炉的作用，有责任帮助后进同志赶上先进，这才是真正爱护小组的荣誉。"

大家在赵梦桃的启发下，认识提高了，热情地欢迎了小陈。经过赵梦桃和小组同志们的帮助，小陈的思想有了进步。不久，她光荣地参加了青年团，还被评为车间技术能手。

一天，在厂区的林荫道上走着两个姐妹，其中一个单眼皮，老式中长头发，脸色红润，两只眼睛炯炯有神，嘴角微微向上翘，这就是梦桃。梦桃正与同事谈心呢。

小周说："领导上对我的希望我知道，我也想干出个样子来，可组里拧不成一股绳，我有什么办法！以后，把普通工人当好就算了。"

梦桃望着同伴那紧锁双眉的愁容，想起和她并肩战斗的日日夜夜。小周肯出力，不怕流汗，为小组十分尽心尽力。可任

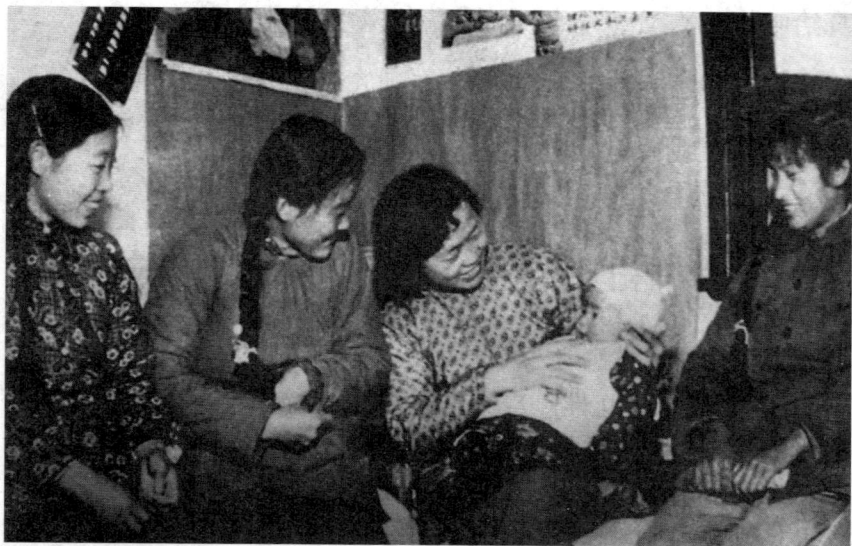

△ 赵梦桃在做家访

劳容易任怨难，流汗容易与同志换心难。只要帮她跨过这个坎子，她会朝气蓬勃信心百倍地战斗的。梦桃诚恳地说："这杆红旗既然举起了，咱就要举到底；这套车既然拉动了，就要拉到头！当不当先进生产者，不是你我个人的事。这是为了党的事业发展！这是关系到党的威信和工人阶级的威信问题！"

说着，梦桃不禁激动起来："一次，我坐火车回咸阳，有几个乘客从窗口向外望着，一个说：'听说咱们这里出了个赵梦桃，还是八大代表，真给咱们工人阶级争气！'另一个说：'就担心她能不能走到底！扛起红旗容易,扛到底可不容易！'这句话，在我心里翻腾了好久，咱能叫这些同志失望吗？"

"当然不能让大家失望，但要做到底确实难啊，梦桃！"

"要说难，也难，当突击队员是不简单！要说容易，也容易，只要咱把一切都交给党，只要心里有群众，咱就一定能把这杆红旗稳稳地扛到共产主义去！"

小周听了直点头，在梦桃的鼓励下，她很快就把小组工作搞好了。在她的带领下，全组团结奋斗，超额完成了生产计划。

有些人纳闷：为什么不管是先进的、后进的，性子绵的、性子暴的，喜欢她的、对她有偏见的，梦桃都能和她们以心换心！好像她有一股魔力，谁见了她也无法不受她的吸引，无法不把藏在心底的心事告诉她。其实，这就是大公无私的魔力。

有人说："梦桃不管对谁都是一个态度，能知道人的冷热甘苦，一说就能扎到病根上。"

有人说："梦桃从没一点先进的架子，不是高高在上地指责，不夸耀自己，而是一见面就诚心诚意地肯定你的优点，老老实实说自己的短处，叫你听得心跳脸红，于是就把什么都倒出来了。"

有人说："一见她那诚恳耐心、光明磊落的样子，心里就是有座冰山也融化了！"

这是何等的胸怀！

梦桃的作风渗透了她的小组，每到假期，她们就进行家庭访问或野游。大家互相体贴，互相关心，成了全组的风气。

"不让一个伙伴落后！"这口号像春风化雨那样，让大家感到温暖。

在这口号的感召下，人人都能在狂风暴雨中挺身而出。困难，勇敢地挑起；方便，完全让给别人！这就是梦桃的共产主义精神！

赵梦桃常说："一人先进孤单单，众人先进推倒山。"

赵梦桃总是以一颗同志间的诚心，无微不至地关心周围的同志。和她在一起的，不论是谁思想有了问题，她都能循循善诱，耐心开导，打开她心里的锁，拨亮她心里的灯，并用自己的模范行动，影响和带动她共同前进。她常说："一个共产党员，要做革命的鼓风机，把每个同志心里的火都扇旺，不让一个伙伴掉队，不让周围有一个小组掉队！"

➔ 换 车

★★★★★

赵梦桃全心全意为人民服务，处处从党的利益出发，以革命的精神对待荣誉和先进生产者的光荣称号，毫不考虑个人得失，总是把困难留给自己，将方便让给别人。

1959 年 6 月的一天，小组的姐妹们出色地完成了任务，有说有笑地走出了车间。

这时，已经走出车间的赵梦桃忽然发现

△ 赵梦桃与女工们在一起研究纺织技术宣传画

赛娟没有出来，于是她扭头跑回车间。

到车间一看，赛娟正站在自己的车头发愣。梦桃喊了声："赛娟，怎么了？"

赛娟见梦桃来了，一把抓住她的手，眼泪扑簌簌地落下来。她难过地说："梦桃，怎么搞的？我把全身力气都使上了，还是未完成计划……"

梦桃听了赛娟的话，心里也很难过，她想："赛娟完不成计划，是我自己没有尽到帮助她的责任。"

　　赛娟是一个老实肯干的好党员，因为刚由落纱工调来值车，一来手生，二来车子又缺"集合器"，不好看，因而白花出得多，影响了小组的生产计划，姐妹们都在埋怨她。为此，赛娟十分苦恼，觉也睡不着，饭也吃不香。梦桃在技术上曾给过她不少帮助，可是仍然解决不了问题。梦桃见她哭了，忙安慰她说："不要心急，你是生手，得慢慢来。我再想想办法。"

　　第二天，赵梦桃找到生产组长，要求和赛娟换车，可是生产组长说啥也不同意，他说："为了照顾别人，你以前提出过多次换车，我哪次没同意，这次可不行了。"

　　"为啥不行？"

　　"这部车和别的车不一样，别的车有毛病还可以修，这部车缺零件呀。"

　　"再难看，我也有决心驯服它。"

　　"不行，你是全国劳动模范，你在省先进生产者代表会议上提过倡议，实现不了咋办？"

姐妹们听说赵梦桃要换车，也都不同意，连赛娟都不答应，她们说："万一有一天完不成计划，倡议落了空，你多少年的荣誉可就保不住了呀。"

原来，不久前，赵梦桃在陕西省先进生产者代表会议上，曾向全省职工提出倡议，其中有一条是要全年按日完成国家计划。全年按日完成国家计划，这多不容易啊。为了保证赵梦桃实现倡议，车间主任曾决定，把赵梦桃的车子固定起来，不让她随便和别人换车。

这天，回到宿舍，一想到赛娟，赵梦桃就开始了激烈的思想斗争："我在会上提出倡议，就是希望对全省的纺织工业起促进作用。如果自己换了车，不能按日完成计划，倡议落空了，那影响多不好。"

当赵梦桃拿不定主意的时候，她想到无数革命先烈为了人民的利益牺牲了生命，使我们每个活着的人想起他们就心里难过，难道我们还有什么个人利益不能牺牲吗？

想到这里，梦桃毅然决然地又去找生产组长，坚决要求换车，生产组长还是不同意："万一实现不了倡议，怎么办？"

赵梦桃回答说："倡议为了什么？还不是为了完成国家计划？只要小组完成了计划，少出了白花，那就比什么都强。"

"你丢了红旗怎么办？"

赵梦桃坦然地回答道："一个共产党员要的不是个人名誉，而是党的事业，怎样对党有好处，对生产有好处，就应当怎样做。"

在梦桃三番五次的要求下，生产组长只得又去请示车间主任，这才答应她和赛娟换车。

第二天一上班，赵梦桃走到赛娟的车头，喜滋滋地对她说："赛娟，领导答应了，你到我的车上去吧！"

这时，赛娟心里一阵酸一阵甜，不知是啥滋味，呆呆地站在那里，一句话也说不出来。赵梦桃看她发呆，就推她说："快去上我的车，好好干！"

赵梦桃上了赛娟的车，和往常一样，拿出驯服难看车子的雄心和干劲，摸透了车子的脾气后，就把巡回时间由原来的4分钟缩短到1分半钟，把清洁工作仔细做好，勤做少做，抓紧接头，还和落纱工建立了落一次纱碰一次头的制度，车子一有变化马上分头解决。这样，梦桃当天就出色地完成了国家计划。

赛娟在赵梦桃的帮助下，进步也很快，变成了熟练的值车工，不久还被评为先进生产者。

赵梦桃先后曾 11 次把好车换给别人，把
坏车留给自己，帮助本组 17 个姐妹赶上先进。

赵梦桃这种共产主义风格，在工厂里已
经蔚然成风。

➡ 实事求是

★★★★★

梦桃十年如一日，通过了一个个荣誉的考
验，手持着党交给她的红旗，一步一个脚印，
不歇气、不换肩地向前走去。

姐妹们常说："梦桃尽干吃亏的事，真是
个老实疙瘩！"

梦桃虽然为了生产，为了社会主义，常干
吃亏的事，但她却不让姐妹们吃亏，不让国

家受损失。

1961 年秋天，梦桃从临潼疗养回来，刚放下东西，她就提着红围腰往车间跑，要看看姐妹们生产如何，是不是又有了什么新的经验了。

不料，车间的情形令她大失所望，只见不少姐妹的车子上断头多，白花多，空锭子多。梦桃焦急地问姐妹们："这是怎么回事？"

有的说："咳! 回丝指标挂到丈二金刚的头顶上了，咱们够不着呀! "

这是怎么回事呢？

原来，细纱车间接受了改纺高支纱的任务，但车上需要的一个新零件却暂时买不到，而原棉质量又下降了，因而断头大增。为了加强捻度，车上加了个中心牙轮，没想到细纱捻头更小了，断头竟超过规定指标一倍多!

眼看就要评比了，谁愿意失去红旗呢？

第二天上班，梦桃细心地抹锭子上的回丝。别人千锭小时断头四十多根，她只有十根左右。可是，回丝还是出了一大把，没有完成计划。有的姐妹对她说："人家都不抹，光你抹，吃那亏干啥？"

梦桃回答说："只要对人民事业有利，自己也就不吃亏了。

不抹锭子回丝，既影响纱的质量，又会浪费。人民事业受损失，咱自己也就跟着吃亏了。"

姐妹们听了梦桃的话，觉得说得太在理了。但又都怕她丢了红旗，又好心提醒她说："你的回丝出多了，计划完不成，丢了红旗怎么办？"

梦桃坚定地说："回丝指标不恰当，咱们可以向领导反映。可是，锭子回丝不抹，人民事业会受损失，得了红旗也不光荣！"

测定员来为他们组测定时，说："你们还不错嘛!"

梦桃说:"要测就要测透测全,光测中纱不标准,中纱断头最少!"

梦桃等测定员把大、中、小纱都测完后,忙问:"多少!"

测定员苦笑说:"又超过指标一倍。"

梦桃点点头说:"是多少,就报多少嘛!"

元月份评比过后,小组里喊起来:"拼了个力尽汗干,红旗还是没评上!"

梦桃说:"说良心话,咱可是下了死力啦!但还是完不成计划。要看看别的小组是用啥法子完成的?红旗没评上,谁也不好过,可咱们要的是真红旗,不是假荣誉。咱们要长志气,想办法,坏棉出好纱,然后实事求是地反映情况才对!"

2月初,梦桃抽空把本组生产指标全测定了一遍,又找对班的同志了解情况,事实证明:在当时条件下,指标规定过高了。

怎么办呢?反映真实情况吧,也许有人会说自己为小组争荣誉;不反映吧,拼死拼活完不成计划,车子改进不了,整个生产都要受影响!

想到这里,梦桃毅然决然去找领导了。

没料想,一位车间领导听完意见后,却反问了一句:"同志,是车子的毛病,还是工人思想有毛病?"

一向忠实于党、冲锋在前的梦桃，什么时候听到过领导的这种指责呀？这句话像钢针似的刺痛了她的心："难道是自己错了，做了群众的尾巴，思想落后于实际了吗？不，我亲自试验过。是我技术赶不上？不，到底是红是白，再摸摸底看吧！"

　　梦桃抽空在组里进行一次"断头"测定，她重点测定了技术好的、中等的、比较差的三个类型。一算，全组千锭小时断头平均还是九十根以上。她又到对班的全国模范小组甲四组去了解，一问，断头也在九十根以上。

　　"我没有错，真理一定要坚持，不能和稀泥！"

　　梦桃马上去找党委书记、厂长和工程师，谈了自己的意见。

　　厂里经过调查研究，证实了梦桃的意见是正确的，于是取下了中心牙齿，调整了断头指标，集中力量帮助值车工提高技术。不久，生产便节节上升了。

　　厂党委表扬了赵梦桃；《陕西日报》也发了消息和社论，表扬梦桃敢于说老实话，勇于坚持真理，是一个对党、对人民、对社会主义事业高度负责的好党员。

　　绝不为了个人得失损害国家事业！这就是赵梦桃的风格！

薪火相传

→ 在医院

★★★★★

　　同赵梦桃一年进厂的，还有一个年轻人叫郑喜旺。1954 年时，他们被分到一个小组。赵梦桃的善良和勤奋让郑喜旺对她产生了好感。

　　开始时，郑喜旺是生产组长，赵梦桃是工会组长。他们经常在一块儿研究小组的工作，研究怎么把小组搞好。时间长了，他们就产生感情了。

　　劳动中产生的爱情，朴实又浪漫。1956 年，赵梦桃与郑喜旺结婚了。

　　这一年，国家第一个"五年计划"提前完成，鼓舞着新中国的每一位劳动者。为了更好地工作，报效祖国，赵梦桃夫妻俩决定三年内不要孩子。

赵梦桃和郑喜旺两人不但努力生产，还在一块儿努力学文化。

1952 年至 1959 年，赵梦桃月月完成生产计划，年年达到均衡生产，仅节约棉花就达 1200 多公斤。眼看着产量年年在增高，夫妻俩想起了三年之约，该要孩子了。可就在这时，赵梦桃病了。

赵梦桃感到浑身这儿疼，那儿疼，也不知道是什么病，有时候疼得脸色都变了。但她仍在车间坚持上班，大家也不知道她得了啥病。

原来，梦桃患了癌症，必须马上做手术。但梦桃心里装的是工作，她对大夫说："我要回去上班，好好安排一下。"

梦桃一回到工厂，早把去医院的事忘了。好不容易，领导和同志们才把她强行送进医院。

就要动手术了，医生来问她的意见，梦桃抬起头来说："我整个生命都是党的，需要怎么治疗，就怎么治疗！我什么都不怕，只怕不能为党工作！"

动手术时，她迷迷糊糊地觉得好像自己还在车间生产，眼前到处是耀眼的白纱。

不知过了多久，她睁开眼，看见满屋子穿白衣的人，才想起自己动了手术。医生见她眼里急切的探询目光，便轻轻按着她的肩说道："放心！你还能回到车间去！"

梦桃一听这话，由衷地笑了！

随后的几年，梦桃需要不断地去医院检查。医生说："要是三年一切正常，就没事了。"

不料，梦桃在三年头上又犯了病。

梦桃动过第一次手术后，厂领导决定叫她当团总支书记。梦桃说："我不去，我的身材、我的个子最适合干细纱，我要像钟表一样不停顿地干到白发苍苍。"

是啊，细纱车间里有梦桃的事业，细纱车间里有梦桃的伙伴，细纱车间里闷热潮湿，在车间不停地巡车很累，可梦桃为了祖国，一心奔着第一去，那心气儿烤得人全身热血沸腾，充满干劲，那才是活着，那才是工人阶级的样子啊！

术后的赵梦桃更加虚弱，她不但自己坚持工作，还经常帮助技术不好的姐妹完成任务。

1963 年初，赵梦桃再次住进了医院。这时，癌细胞已经扩散到她的全身。

女工们一听这消息，一个个都哭了。但梦桃不像个病人，还硬撑着跟探病的人又说又笑。

郑喜旺经常在赵梦桃床前给她读报，有时还唱起夫妻俩最喜欢的歌。他们又有了新的约定，梦桃病好了，两人还要一起回到工厂。

护士和病友知道她是全国先进生产者和八大代表，就纷纷来向她询问和学习。她只是淡淡一笑，热情地向别人介绍说："你们听说过郝建秀工作法吗？全国400多个纺织企业都在学习和推广。1951年国庆节，郝建秀作为全国纺织工业战线的劳模代表，出席了在北京举行的国庆宴会，她还代表全国纺织工人向毛泽东主席敬酒了呢。"

这时，一个病友说："真了不起！和毛主席一起喝酒了！"

一个病友说："听说有个叫上青天的也很了不起。"

梦桃听了，先是愣了一下，然后细心地解释说："哪里有什么上青天呀，从上世纪二三十年代起，中国纺织业一直有'上青天'的说法，'上青天'是对当时三大纺织工业基地——上海、青岛和天津的简称。"

大家一听，都笑了："原来是这么回事。"

梦桃说："你们想听，我就慢慢说。"

大家都点头表示愿意听，梦桃说："早在 1902 年德国占领时期，德国的德中蚕丝工业公司在青岛沧口辟地 350 余亩，设立了大型蒸汽缲丝工厂，称德华缲丝厂。这是青岛第一个纺纱厂。第一次世界大战后，随着日军登陆胶州湾，日本纺纱业也纷纷抢滩青岛。自 1918 年起，日商相继在青岛开办了大康、内外棉、隆兴、丰田等九大纱厂，这些工厂沿胶济铁路从南向北展开。解放后，我国政府将这九家企业收归国有，依次更名为青岛国棉一厂至九厂，并对设备和厂房逐步进行了必要的改造和更新。在我国"一五"时期，全市 480 多个私营纺织业户全部走上了公私合营的道路。1956 年，青岛生产的细布、平布已打入了国际市场。这些成绩都离不开郝建秀工作法。郝建秀可不简单，如果大家都能像她那样，每年可以为抗美援朝前线多卖 68 架战斗机呢！"

　　大家都听呆了，一个个赞不绝口："郝建秀真是神人呀！"

　　梦桃说："不是神人，是共产党人！咱们穷人在旧社会受尽了苦头，现在有共产党和毛主席为咱们穷人做主，咱们就要一个心眼地好好干！下苦干！老实干！只有自己干还不行，要带领大家一起干。只是我们纺织行业干不行，还要所有行业一起干！你们认为郝建秀神，还有一个人更神，她叫张秋香。"

　　接着，梦桃又讲起了张秋香的故事。

张秋香也是中国共产党党员，被省委、省政府授予了劳动模范称号。她原籍山东，小时因黄河决口泛滥，随父兄逃荒要饭。没多久，家里其他人不幸相继离去。她流落到陕西渭南，19 岁卖给一个农民为妻，过着家无隔夜粮的悲惨生活。

解放后，她积极响应政府号召，努力参加生产劳动，被选为农会组长，还当选为全县第一个女村长。

张秋香串联了李凤英、谷淑芬、李连英、刘秋芳、朱淑兰、刘慧琴、任道群、田凤琴八名妇女，组织起全乡第一个棉花作务组，开始务棉。她组织姐妹们学习外地植棉经验，解放思想，大胆实践，打破了"谷雨前不种棉"、"棉花踏不死、栽不活"等老传统，开创了提早播种，移栽补苗的新技术。在不断探索实践的基础上，她还先后总结推广了不少先进植棉经验。当年她种的 1.6 亩棉花，亩产 75 公斤皮棉，创造了全国亩产皮棉量的最高纪录。

张秋香植棉作务组亩产皮棉渐渐增至 210 斤，不仅闻名全国，而且传遍世界。由于她成功的务棉技术，在全国产生了很大影响，被中国农科院陕西分院棉花研究所聘为特约研究员和原渭南地区农科所、市农科中心特约棉花顾问，还当了西北农学院特约教授呢。

张秋香参加全国农业社会主义建设先进单位和个人代表会时，一天，八姐妹被送到国务院。一下车，只见总理笑容满面，早已在门口等候，并和她们一一握手。进屋就座后，总理逐人问话，亲切交谈。座谈完毕，总理和八人合影，留她们共进午餐。刚吃完饭，全国妇联一位同志进了门，对总理说："总理，时间到了，让我把秋香同志接到会上去吧。"这时，总理和邓大姐才恋恋不舍地和她告别，并勉励她说："争取年年都来。"

听到这里，有些人已经落下眼泪："那么大的总理，能够对咱们老百姓如此亲切，太伟大了。张秋香只是一个农民，只是做出了一点成绩，一个国家的总理就这样热情招待，多么荣幸啊。"

大家听得入了迷，可是一出病房门，才想起梦桃对自己的事迹一句也没提，这是多么伟大的人格啊！

梦桃在医院里，刚能下床时，就爬上窗台，挽起袖子去擦窗户。她牺牲掉午睡帮助护士裁剪纱布，还当临时护士为病人做输液的准备工作，一站就是四十多分钟！

护士和病友心疼她，劝她放下扫帚，她又拿起拖把。她笑道："我能动，就要干！"

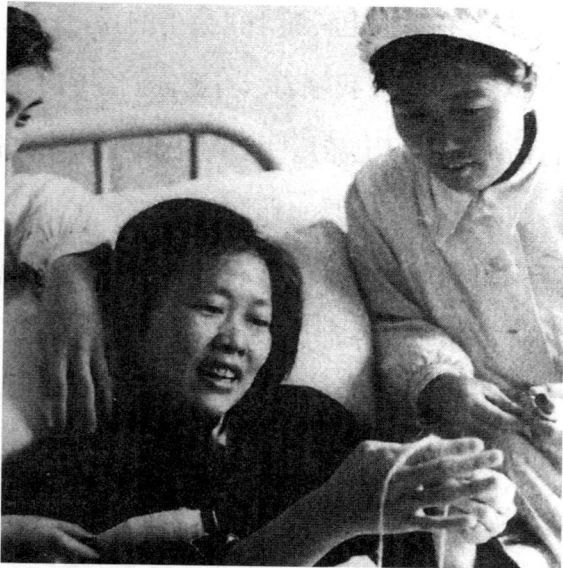

△ 赵梦桃在医院里还在练技术

"我能动，就要干！"像赵梦桃这样的战士，活着就是为了革命，活着就是为了别人！她把自己所有的热都暖了别人，所有的光都照了别人！

梦桃刚动过手术后，伤口疼痛，但没有一个护士能看到她的眼泪和痛苦的面孔。她总是笑呵呵地看着你！可她们哪里知道，在别人出门后，她就咬起了被角！

清晨，梦桃从一位护士的脸上发现了劳碌一夜的倦容。为此，她异常不安，就挣扎着下床，洗脸后帮助护士倒水，还帮重病人洗脚、擦澡。

护士劝阻说：“有事按电铃嘛！我会干的。”

梦桃带着歉意地说：“我躺着，看把你们累成那样！”

为了配合治疗，组织上派厂团委副书记小李来医院照顾梦桃。开始时，她不知道小李是来照顾她的，高兴地问小李车间生产情况，还问姐妹们换单衣了没有，要她们预防感冒……

可是，一听说小李是来照顾她的，梦桃就沉下了脸。

当晚，人们诧异，梦桃的病房里怎么听不见笑声了。突然，她坐起身来，请人为她打电话，直到组织上答应把小李调回去，她才向小李调皮地笑着说：“别生我的气！全国都在学雷锋哩，我躺着就够啦。你来了，学习雷锋这项工作怎么在团里开展！对不？”

小李奉命回厂，梦桃这才松了一口气。

早晨醒后，门外传来护士们急促的脚步声，这也给梦桃带来了战斗激情。她真想插翅飞到车间，和姐妹们一起生产。于是，她从台子上拿起了纱管，一声不响地练着掐头动作！一分钟六十二个？不行啊，最高纪录是九十个呢！这时，她忘记自己正在发烧！

吃过早饭，记者来了，要采访这位全国闻名的劳动模范。

梦桃对记者说：“千万不能把我写成天生的先进，什么周围的同志都是我帮助的，巡回清洁检查操作法是我一个人的创造……没有党的抚育，没有小组姐妹们的合作，我还是一个不懂事的苦女子嘛！"

1963 年 4 月 27 日，中共陕西省委在咸阳召开了"表彰赵梦桃及其小组先进事迹大会"，并将赵梦桃所在的小组命名为"赵梦桃小组"，身在医院的赵梦桃录下了一段鼓励工友们的录音："我一定要战胜疾病，争取早日回到车间，我要和全组同志一起，贡献最大的力量。再接再厉，勇往直前，做坚强的突击队旗手。"

这时，厂里的姐妹们都在听录音。她们边听边哭，最后一个个都哭得不行了。

➜ 赵梦桃和吴桂贤

★★★★★

曾任国务院副总理的吴桂贤是赵梦桃的接班人，是赵梦桃一手培养起来的。

1951 年，吴桂贤刚 13 岁，瞒报年龄进入西北国棉一厂当了一名纺织女工。

进工厂后，吴桂贤有幸遇见了比她大 3 岁的组长赵梦桃。

那时，赵梦桃是纺织战线的一面旗帜，享誉全国。

赵梦桃创造了挡车工作法和清洁检查操作法，将生产效率提高了 3 倍。从 1952 年至 1959 年 7 年间，她创造了月月完成生产计划、年年均衡生产的业绩，节约棉花 1200 多公斤。

为此，赵梦桃当选为党的八大代表，两次被授予全国先进生产者称号。她领导的班组被评为全国先进集体，被命名为"赵梦桃小组"。

不幸的是，1963 年，年仅 28 岁的赵梦桃被病魔夺去了生命。

吴桂贤在赵梦桃的帮带下，各方面进步很快。1958 年入党后，她成为赵梦桃小组的党小组长。

1963 年 6 月 23 日，赵梦桃病逝。噩耗传来，"赵梦桃小组"的姐妹们抱头痛哭。

"赵梦桃小组"第二任组长吴桂贤在难过的同时，对自己要求更严了，处处事事起带头作用。但她深知个人的力量是有限的，应当团结全组姐妹来挑重担。为了降低棉花损耗，提高棉纱质量，多纺纱，纺好纱，她每天带领姐妹们提前四十分钟上班，做好准备工作，清扫现场，擦拭机器。她学习赵梦桃的

△ 吴桂贤

共产主义作风，总是抢着挡最难挡的车，将好挡的车留给操作技术欠佳的姐妹。她对小组成员以姐妹相待，心里时时装着她们，哪个身体不好，谁家小孩病了，她就约小组成员前去帮助洗衣做饭干家务；哪个夫妻不和或婆媳不和，她就去调解。她认为，姐妹们上班很辛苦，下班回家应该有个良好的休息环境，我们的好姐姐赵梦桃就是这样干的。由于齐心协力，"赵梦桃小组"年年出色完成生产任务，年年被评为先进标兵。以"赵梦桃小组"为代表的西北国棉一厂的班组管理经验，传遍了全国纺织系统。

赵梦桃去世后，吴桂贤接过她的旗帜，继续前进。

1965 年，吴桂贤以"赵梦桃小组"代表的名义，出席了西北工业战线先进集体和先进工作者代表大会，并被评为"全国纺织系统先进典型"。不久，她被任命为西北国棉一厂副厂长。为了弥补文化知识的不足，吴桂贤被安排到西北大学学习。

"文革"开始以后，吴桂贤被树为标兵，从厂革委会委员、革委会主任、咸阳市革委会副主任，一路升至陕西省革委会常委、中共陕西省委副书记。

1973 年 8 月，中共十届一中全会上，吴桂贤当选为中央政治局候补委员。

1974 年 9 月，吴桂贤作为工人代表，陈永贵作为农民代表，共同参加了中央会议。

吴桂贤后来回忆说，这太突然了，一点思想准备都没有。那时，每个人的粮食都是定量的，吴桂贤每回进京开会，吃饭都要交粮票。接到毛主席的任命后，吴桂贤当时就在北京住下来。

1975 年 1 月，吴桂贤被安排出任国务院副总理，时年 37 岁。她是共和国的第一位女性副总理，也是到目前为止最年轻的副总理。年纪轻轻压上这么重的担子，多亏了当年赵梦桃的教导。

多年后，吴桂贤回忆说："开政治局会议讨论问题时，我最小，我就听着，不吭声。最后主持人问，大家还有什么意见，我就大声说没意见。时间长了，老同志就说：'桂贤哪，你还没发言哪。'我总是说：'前面老同志的意见都很好，主席的指示我完全同意。'就这么两句。因为我资历最浅，感到非常拘束。"

吴桂贤学习赵梦桃的一贯作风，尊重政治局里的老同志，跟他们保持一致，因此没有上"四人帮"的贼船。

"四人帮"对几位进入中央领导班子的年轻人确实动过脑筋，想把他们拉进自己的圈子，但绝大多数没有上钩。他们出身草根，情感朴实，对中央的老同志怀着敬意，对江青的飞扬跋扈从内心反感。最重要的是，他们和赵梦桃一样，对周总理怀着深深的感情。进中央以后，他们从工作、学习到生活，处处感受到总理无微不至的关怀。多年以后，每当提到"人民的好总理"时，吴桂贤总是止不住泪水。

目前，吴桂贤已在深圳定居，但她永远忘不了赵梦桃，她曾一再告诉记者："提起赵姐，我想说的话太多了！不是一句两句就能说完的……"

后 记

赵梦桃后继有人

"赵梦桃小组"是 1963 年 4 月 27 日由陕西省人民委员会以党的"八大"代表、著名全国劳动模范赵梦桃同志的名字命名的。

命名以来，这个小组历经了新中国 60 年来的历史巨变，在建设有中国特色社会主义的伟大实践中，继承发扬赵梦桃同志的主人翁精神和高尚风格，团结一心，敬业爱岗，科学管理，不断进取，始终保持着先进小组的荣誉，成为陕西省和全国纺织行业的一面光辉旗帜。

"赵梦桃小组"先后三十多次荣获全国、省、部级荣誉。1986 年被中华全国总工会、国家经委命名为"全国先进班组"；1991 年被全国妇联评为"三八红旗集体"；1995 年被评为全国纺织系统"先进标杆班组"；1997、1998 年分别被陕西省总工会和中华全国总工会评为巾帼"创业明星"集体和"巾帼文明示范岗"；2000 年荣获陕西省总工会"精品班组"称号；2001 年分别获团中央、陕西省政府"全国青年文明号"和"青年文明号标兵"殊荣；2006 经团中央复验后又被树为"青年文明号"；2006 年 3 月被陕西省纺织工业总公司评为"巾帼文明示范岗"；2008 年 3 月被评为全国"巾帼文明示范岗"；2008 年 4 月被评为"全国工人先锋号"；2009 年 2 月被中华全国总工会授予"女职工建功立业标兵岗"。

"赵梦桃小组"多年来一直坚持以"梦桃精神"建组育人，不断弘扬 高标准、严要求、行动快、工作实、抢困难、送方便、不让一个姐妹掉队的优良传统，把"梦桃精神"教育作为新时期小组建设的必修课。

每当新组员进组，都会对她们进行小组发展历史、梦桃事迹学习教育。在小组中，每月召开"发扬梦桃精神，做梦桃式职工"主题班组会。每年坚持祭扫梦桃墓和开展纪念小组命名日主题活动。通过多种形式，加强对组员的思想教育和小组作风建设，增强小组成员的职业道德和职业情操。

特别是近几年，"赵梦桃小组"围绕企业生产经营目标，以人为本，科学管理，大力开展职工经济技术创新活动，坚持创新管理理念，拓展管理思路，创造出独特的管理方法；坚持操作技术精益求精，劳动竞赛形式多样，用集体智慧创造出一流工作业绩；坚持开展团队学习活动，努力打造和谐共进的巾帼团队，小组生产计划指标始终在车间名列第一，从未出现任何质量及安全事故，成为企业职工经济技术创新的示范班组，为企业的发展壮大做出了突出贡献。

"赵梦桃小组"建组五十多年来，始终坚持不懈地尝试、摸索新的管理方法，现已形成一套比较完善的管理制度。

一是根据小组的实际情况，建立健全小组组织结构，形成了"四长五员"制的管理体系。"四长"是：生产组长、党小组长、工会组长、团小组长；"五员"是：技术员、质量员、安全员、宣传员、生活员。小组管理职责分明。

二是建立了"五账一本"的小组建设机制。"五账"即：生产管理台账、学习活动台账、岗位创新台账、岗位技能台账和学习宣传台账各一本，小组的生产指标、学习宣传活动、岗位创新等，记录规范齐全。

三是坚持"组务公开"的民主管理，即：生产指标公开，个人计划公开，奖金分配公开，个人台账公开，评比奖励公开，经济状况公开。使小组的管理更加透明，避免了各类矛盾产生，受到车间和企业一致好评，为其他小组树立了榜样。

"赵梦桃小组"提出了"举旗要有新思路，继承要有新内涵，管理要有新方法，先进要有新贡献"的新管理目标，创造出独特的管理方法，形成了"四长五员"制的管理体系，建立了"五账一本"小组建设机制。小组提出的"三个换位管理"理念，成为创新管理的一大亮点。小组推行了"四交监督权"民主管理形式，大大提升了小组的管理水平。

"小组"坚持操作技术精益求精，劳动竞赛形式多样，用集体智慧创造出了一流的工作业绩。小组成员的操作技术水平始终保持在车间同工种前茅，操作优级率一直保持100%，生产综合计划指标月月领先，为企业做出了突出贡献。2001年–2008年，小组共超产棉纱41822公斤，节约白花5324公斤，连续多年被企业树为标兵小组。

"小组"坚持以"梦桃精神"建组育人，大力开展团队学习活动，不断增强团队凝聚力。小组坚持把"梦桃精神"教育作为新时期小组建设的"必修课"，通过多种形式，加强对组员的思想教育和小组作风建设。坚持开展创建学习型班组、争做知识型员工的活动，并将学习和理论与实践相结合，针对生产难点运用小组集体智慧攻关，创新出新的高支纱接头和落纱操作法，在全车间推广，保证了新产品的质量，为企业赢得了效益。

"赵梦桃小组"的班组目标如下：一是继承发扬"梦桃精神"，做遵章守纪的模范；二是坚持老帮新、传帮带，提高整体操作水平，小组统一率100%；三是遵守各项操作规程，确保操作优级率

100%；四是坚持跨岗学习，做到一专多能，坚持文化科学知识学习，争当知识型职工；五是发扬小组优良传统，知荣辱，明是非，团结友爱，携手共建和谐小组。

立足本职，创技术一流，纺出精品纱，以百分百的工作质量，满足企业发展的需要，在企业的发展中实现个人人生价值。

在陕西，一个赵梦桃倒下了；在全国大地上，千万个赵梦桃站了起来。

"赵梦桃小组"成员刘小萍告诉记者："有人说现在不需要'梦桃精神'了，过时了，这样的说法不对，通过我们的代代传承，'梦桃精神'并没有过时。我们作为组员，不仅要将它传承下去，更要将它发扬光大，让这面旗帜继续熠熠生辉。"

/**100**位
新中国成立以来感动中国人物／

丁晓兵　马万水　马永顺　马恒昌　马海德　中国女排五连冠群体

孔祥瑞　孔繁森　文花枝　方永刚　方红霄　毛岸英

王　杰　王　选　王　瑛　王乐义　王有德　王启民

王进喜　王顺友　邓平寿　邓建军　邓稼先　丛　飞

包起帆　史光柱　史来贺　叶　欣　甘远志　申纪兰

白芳礼　任长霞　刘文学　刘英俊　华罗庚　向秀丽

廷·巴特尔　许振超　达吾提·阿西木　邢燕子　吴大观

吴仁宝　吴天祥　吴金印　吴登云　宋鱼水　张　华

张云泉　张秉贵　张海迪　时传祥　李四光　李春燕

李桂林和陆建芬夫妇　李素芝　李梦桃　李登海　杨利伟

杨怀远　杨根思　苏　宁　谷文昌　邰丽华　邱少云

邱光华　邱娥国　陈景润　麦贤得　孟　泰　孟二冬

林　浩　林巧稚　林秀贞　欧阳海　罗映珍　罗健夫

罗盛教　草原英雄小姐妹　赵梦桃　钟南山　唐山十三农民

容国团　徐　虎　秦文贵　袁隆平　钱学森　常香玉

黄继光　彭加木　焦裕禄　蒋筑英　谢延信　韩素云

窦铁成　赖　宁　雷　锋　谭　彦　谭千秋　谭竹青

樊锦诗

图书在版编目（CIP）数据

赵梦桃 / 于元编著. —— 长春 : 吉林文史出版社,
2012.11（2024.5重印）
（100位新中国成立以来感动中国人物）
ISBN 978-7-5472-1260-8

Ⅰ. ①赵… Ⅱ. ①于… Ⅲ. ①赵梦桃（1935～1963）
－生平事迹－青年读物②赵梦桃（1935～1963）－生平事
迹－少年读物 Ⅳ. ①K828.1-49

中国版本图书馆CIP数据核字(2012)第259709号

赵梦桃

ZHAOMENGTAO

编著/ 于 元

选题策划/ 王尔立 责任编辑/ 王尔立 李洁华 任玉茗

装帧设计/ 韩璘

出版发行/ 吉林文史出版社

地址/ 长春市福祉大路5788号 邮编/ 130118

电话/ 0431-81629363 传真/ 0431-86037589

印刷/ 天津海德伟业印务有限公司

版次/ 2012年12月第1版 2024年5月第5次印刷

开本/ 640mm×920mm 1/16

印张/ 9 字数/ 100千

书号/ ISBN 978-7-5472-1260-8

定价/ 29.80元